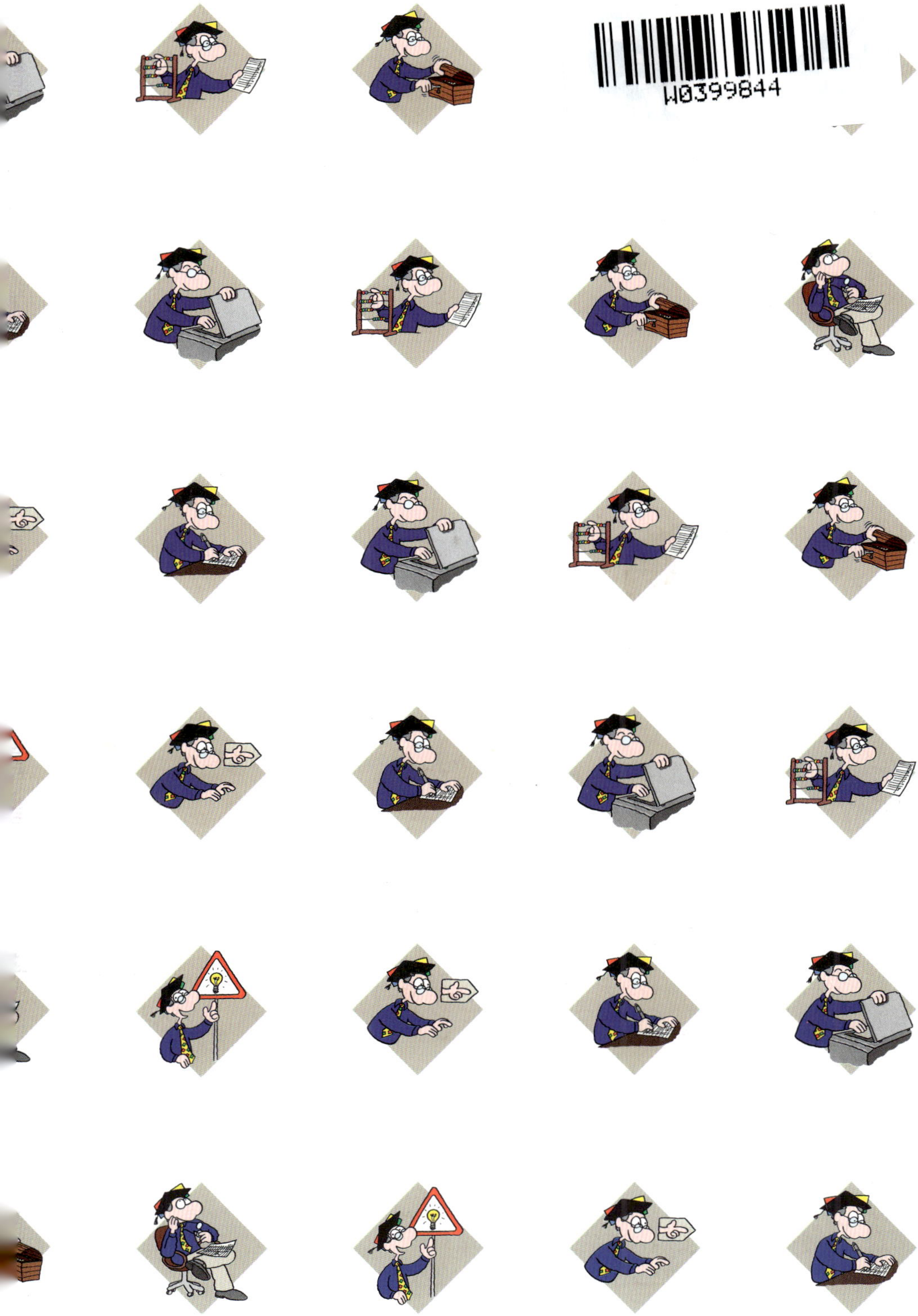

Unser „DISGy" leitet Sie durch dieses Buch und ermöglicht Ihnen ein „gehirn-gerechtes" Lesen und Durcharbeiten:

Bitte weiterdenken

Da geht es weiter

Bitte ausfüllen

Seite kann als Kopiervorlage verwendet werden

Bitte Ergebnis selbst feststellen

Hier finden Sie noch weitergehende Informationen

Lothar J. Seiwert · Friedbert Gay

Das 1 x 1 der Persönlichkeit

*„Behandle die Menschen so,
als wären sie, was sie sein sollten,
und du hilfst ihnen zu werden,
was sie sein könnten."*

Johann Wolfgang von Goethe

Lothar J. Seiwert • Friedbert Gay

Das 1x1 der Persönlichkeit

- Sich selbst und andere besser verstehen
- mit dem DISG-Persönlichkeits-Modell

- Mit einem „Ein-Minuten"-Geleitwort von
  Kenneth Blanchard
- und Illustrationen von
  Werner Tiki Küstenmacher

- 10. Auflage

DISG® TRAINING

GABAL

Die Deutsche Bibliothek – CIP Einheitsaufnahme

Seiwert, Lothar J.:
Das 1 x 1 der Persönlichkeit: sich selbst und andere besser verstehen mit dem DISG-Persönlichkeits-Modell / Lothar J. Seiwert; Friedbert Gay. Mit einem „Ein-Minuten"-Geleitwort von Kenneth Blanchard und Illustrationen von Werner Tiki Küstenmacher.
10., durchgesehene Auflage, Offenbach: GABAL, 2003
ISBN 3-930799-32-4
NE: Gay, Friedbert:; Küstenmacher, Werner Tiki [Ill.]:

1.–9. Aufl.: 1.–101. Tausend, 1996–2002
10. Auflage: 102.–111. Tausend, Februar 2003

1. Hörbuch-Auflage: 1.– 3. Tausend, 2000
2. TB-Auflage (mvg): 13.– 16. Tausend, 2002

Buchdesign: Buttgereit und Heidenreich,
www.b-und-h.de, Haltern am See
Cover: Malsky Kommunikation und Gestaltung, Bremen
Illustrationen: Werner Tiki Küstenmacher, Gröbenzell
Lektorat: Dr. Sonja Klug, Bad Honnef
Druck: rgg Druck- und Verlagshaus, Braunschweig

Eine Minute für Ihre Persönlichkeit?

Das „Ein-Minuten"-Geleitwort von Kenneth Blanchard

One Minute for Your Personality? Your personality has to do with how you respond to situations. Successful people know how they tend to respond and learn how to adapt their style to be more effective in a wider range of situations. In this book, *Friedbert Gay* and *Lothar J. Seiwert* use the DISG model to increase your self knowledge and help you develop better interaction skills. We have been using the DISG with our Blanchard Training and Development, Inc. clients for years with excellent results.

While you will not be able to change your personality in a minute, I hope you will take time to read this very practical, down-to-earth-book. I know it will have a wonderful effect on your life and help you begin a self-development journey that will increase your effectiveness as a manager, coach, parent or teammate.

The earlier you start your journey the better. Good luck!

Ihre Persönlichkeit zeigt sich darin, wie Sie sich in bestimmten Situationen verhalten. Erfolgreiche Menschen kennen ihre Verhaltenstendenzen. Sie lernen, ihren eigenen Stil so anzupassen, daß sie in einem größeren Aktionsradius effektiver agieren können. In diesem Buch stellen *Friedbert Gay* und *Lothar J. Seiwert* das DISG-Persönlichkeitsmodell vor. Es hilft Ihnen, Ihre Selbstkenntnis zu verbessern und eine größere Anpassungsfähigkeit zu entwickeln. Wir bei „Blanchard Training and Development, Inc." setzen DISG seit vielen Jahren bei unseren Kunden mit großem Erfolg ein.

Sie können Ihre Persönlichkeit zwar nicht von „einer Minute auf die andere" verändern, doch ich wünsche Ihnen, daß Sie sich die Zeit nehmen, dieses sehr praxisorientierte und anschauliche Grundlagenbuch zu lesen. Ich bin sicher, daß es eine positive Wirkung auf Ihr Leben haben wird. Es begleitet Sie auf Ihrem Weg der Persönlichkeitsentwicklung und wird Ihre persönliche Effektivität als Führungskraft, Coach, Elternteil oder Teammitglied ganz entscheidend verbessern.

Je früher Sie sich auf den Weg machen, desto besser. Viel Glück dabei!

San Diego/California, USA

Dr. Kenneth H. Blanchard, Ph.D.
Co-author „The One Minute Manager Library"

Kenneth Blanchard (Mitte) im Gespräch mit den Autoren **Friedbert Gay** (links) und **Lothar J. Seiwert** (rechts)

Profil durch Persönlichkeit!

Vorwort

Sie, liebe Leserin, lieber Leser, haben einen Bestseller in Händen. *„Das 1x1 der Persönlichkeit“* ist – ebenso wie der Band „DISG-Persönlichkeits-Profil“ – eine synergetische Gemeinschaftsedition von GABAL-Verlag und DISG-Training. Während es sich bei dem Persönlichkeits-Profil um einen Grundlagen-Band mit vollständigem Originalmaterial zur DISG-Persönlichkeitsanalyse und umfangreichen Informationen zur Auswertung handelt, ist diese Publikation vor allem der praktischen Anwendung gewidmet.

Die Autoren sind hierfür besonders geeignet: *Friedbert Gay,* der Geschäftsführer von DISG-Training GmbH in Remchingen, hat das DISG-Persönlichkeits-Profil auf dem deutschsprachigen Markt erfolgreich eingeführt; *Prof. Dr. Lothar J. Seiwert* ist nicht nur anerkannter Experte für Zeitmanagement und Strategie, sondern setzt als Praktiker und Wissenschaftler seit Jahren auch Instrumente der Persönlichkeitsanalyse in der Hochschule sowie in Beratung und Training ein.

Das Autorenteam möchte mit seinem innovativen Werk vor allem die Botschaft verkünden: mit einfachen Mitteln – richtig eingesetzt – ist sehr viel zu erreichen, interessanterweise sowohl im Privat- als auch im Berufsleben. Nach jeweils einem für alle „Betroffenen“ – die *Dominanten*, die *Initiativen*, die *Stetigen* und die *Gewissenhaften* – in gleicher Weise spannenden Grundlagenteil bringen die Autoren umsetzbare Hinweise mit konkreten Empfehlungen für die Anwendung, so daß aus Betroffenen „Beteiligte“ werden können.

Der Verlag und ich wünschen Ihnen, daß Sie persönlich neue und für sich sowie Ihr Umfeld wichtige, umsetzbare Erkenntnisse gewinnen.

Möge auch diese Neuauflage eine breite Wirkung erzielen, so daß aus unseren Leserinnen und Lesern auch Nutzer und aus erfolgreichen Nutzern wiederum überzeugte Empfehler werden.

Prof. Dr. Hardy Wagner
Ehrenvorsitzender GABAL e.V.

Inhalt

Inhaltsverzeichnis

Die Tiere, die etwas Bedeutendes tun wollten

Eine Fabel

„Eines Tages beschlossen die Tiere, daß sie etwas Bedeutendes tun wollten, um die Probleme der neuen Welt zu lösen. Deshalb organisierten sie eine Schule. Es gab Unterrichtsfächer wie Laufen, Bergsteigen, Schwimmen und Fliegen. Um diese Schule einfacher organisieren zu können, sollten alle Tiere an allen Fächern teilnehmen.

Die *initiative* Ente zeigte im Schwimmunterricht eine außerordentliche Begabung, ja, sie war zu ihrer Freude sogar besser als der Schwimmlehrer. Sie machte aber nur recht langsame Fortschritte beim Fliegen und war im Lauftraining sehr schlecht. Da sie beim Laufen so schlecht war, mußte sie das Schwimmen aufgeben und nachmittags länger in der Schule bleiben, um Wettlaufen zu trainieren. Dabei wurden ihre Schwimmhäute so stark beansprucht, daß sie beim Schwimmen nur noch durchschnittliche Ergebnisse erzielen konnte. Aber eine durchschnittliche Leistung war durchaus akzeptabel, und so machte sich niemand größere Sorgen darüber – außer der Ente.

Der *gewissenhafte* Hase war beim Laufen der Beste, bekam aber ein nervöses Zucken

in seinen Beinmuskeln aufgrund des vielen Sondertrainings im Schwimmen.

„Eigenheiten, die werden schon haften; kultiviere nur Deine Eigenschaften!“
Johann Wolfgang von Goethe

Das *stetige* Eichhörnchen war außerordentlich gut im Klettern, wurde aber immer mehr entmutigt, weil sein Lehrer von ihm verlangte, daß es beim Flugunterricht vom Boden in die Höhe starten sollte, statt von den Baumwipfeln in die Tiefe. Von der Überanstrengung bekam es Muskelkater und erhielt dadurch nur sehr schlechte Noten beim Klettern und Laufen.

Der *dominante* Adler war ein Problemkind und wurde strengstens dafür bestraft, daß er nicht gehorchte. Im Kletterunterricht war er immer der erste, der den Gipfel erreichte, er bestand aber darauf, auf seine eigene Art und Weise dorthin zu gelangen.“

Welche Lehre können Sie aus dieser Fabel ziehen?

(frei nach Chuck Swindoll: „Home Where Life Makes Up Its Mind“, S. 51)

Wann sind Sie besonders effektiv?

„Es ist schon ein großer Unterschied, ob man etwas aus sich gemacht hat oder ob man nur etwas geworden ist."
Werner Mitsch

Strategie: Konzentration auf Stärken

Jedes dieser Tiere ist in der Situation oder Umgebung am effektivsten, für die es geschaffen wurde, und es ist dann ineffektiv, wenn es sich außerhalb dieser Situation oder Umgebung befindet.

So wie die Tiere aus der Fabel hat auch jeder von uns seine *Stärken* und *Engpässe* (Begrenzungen, Schwächen). Auch wir sind dann am effektivsten, wenn wir uns in einer Situation befinden, in der wir unsere Stärken einsetzen können. Befinden wir uns aber in einer Situation, die außerhalb unserer Stärken liegt, sind wir sehr viel weniger effektiv.

Um im Leben erfolgreich zu sein, müssen wir uns zuerst folgende Fragen stellen:

- Was sind meine *Stärken?*
- Wo liegen meine *Engpässe*?
- In welchen Situationen kann ich durch den Einsatz meiner Stärken meine *Effektivität* steigern?

Tragen Sie hier Ihre drei größten *Stärken* oder positiven Eigenschaften ein:

1. __________

2. __________

3. __________

Lesen Sie auf den folgenden Seiten,

- *warum* Persönlichkeit so wichtig ist,
- *wer* Sie selbst und *wer* andere sind,
- *wie* Sie Ihr Wissen über die Persönlichkeits-Typen erfolgreich anwenden,
- *was* Sie in Ihrer beruflichen und persönlichen Praxis damit tun können.

1. Warum ist Persönlichkeit wichtig?

„Selbsterkenntnis ist der erste Schritt zur Besserung."
Volksweisheit

Die Frage nach der erfolgreichen *Persönlichkeit* ist so alt wie die Menschheit. Die bekannte „eierlegende Wollmilchsau, Version tieftauchfähig und höhenerfahren" gibt es bekanntlich nicht. Erfolgreiche Menschen haben es jedoch geschafft,

- ihr *inneres* Potential und
- ihr *äußeres* Verhalten

miteinander in Einklang zu bringen. Sie sind ganz sie selbst und versuchen nicht, bewußt oder unbewußt Rollen zu spielen, die nicht zu ihnen passen.

Erfolgreiche Menschen entwickeln ihren ganz persönlichen *Verhaltensstil*. Sie kennen ihre Stärken sowie ihre Grenzen und wissen damit so umzugehen, daß sie auch kritische Situationen oder Konflikte in Beruf und Partnerschaft souverän meistern.

Wir leben in einem Zeitalter der immer schnelleren Veränderung („High Speed Management"). Technologische Entwicklungen, wirtschaftliche Rahmenbedingungen und gesellschaftliche Trends werden immer weniger berechenbar, die Halbwertzeit des Wissens wird immer kürzer. Die einzige Konstante ist der *Mensch* – und seine *Persönlichkeit*.

Wer über sich selbst und die Persönlichkeitsstrukturen anderer nachdenkt, erhöht seine soziale Kompetenz. Dadurch verbessern sich

- Kommunikations- und Teamfähigkeit,
- Umgang mit kritischen Situationen und Konflikten,
- Führung und Einflußnahme,
- Verantwortungs- und Selbstbewußtsein.

Instrumente zur Selbstfindung und Verbesserung der Menschenkenntnis helfen bereits heute, den zukünftigen Anforderungen an die Persönlichkeit von morgen schneller gerecht zu werden.

Ziel: Stärken und Situation zusammenfügen

Wie reagieren Sie auf andere?

Was trifft am ehesten auf Sie zu?
Was trifft am wenigsten auf Sie zu?

Machen Sie bei den 24 Aussagen max. 5mal einen Haken ✓ vor die Begriffe, die *am ehesten* auf Sie zutreffen.
Schreiben Sie bei den 24 Aussagen max. 5mal ein „X“ vor die Begriffe, die *am wenigsten* auf Sie zutreffen.

Jeder von uns hat unterschiedliche *Vorstellungen,* wie andere mit ihm oder ihr umgehen sollen. Schauen Sie sich einmal Ihre Vorlieben an, wie Sie auf das *Verhalten* anderer Menschen reagieren:

Ich mag Menschen, die:
- ☐ gleich zur Sache kommen.
- ☐ direkt sind.
- ☐ schnell Entscheidungen treffen.

Ich mag Menschen nicht, die:
- ☐ zuviel reden.
- ☐ mich unterhalten wollen.
- ☐ mir Anweisungen geben.

Ich mag Menschen, die:
- ☐ Zeit zum Reden haben.
- ☐ freundlich sind.
- ☐ Kontakt suchen.

Ich mag Menschen nicht, die:
- ☐ unhöflich mit mir umgehen.
- ☐ distanziert sind.
- ☐ kühl und zurückhaltend sind.

Ich mag Menschen, die:
- ☐ diplomatisch und höflich sind.
- ☐ sinnvolle Dinge tun.
- ☐ ruhig sind und klar denken.

Ich mag Menschen nicht, die:
- ☐ wollen, daß ich meine Gefühle offen zeige.
- ☐ darauf bestehen und drängen, daß ich mich gefühlsgeladenen Situationen sofort stelle.
- ☐ von mir halbfertige Arbeiten schnell abgeliefert haben wollen.

Ich mag Menschen, die:
- ☐ über Persönliches erzählen, bevor sie zum Geschäftlichen kommen.
- ☐ Zeit für eine lockere Atmosphäre haben.
- ☐ sich anhören, wie ich die Dinge sehe.

Ich mag Menschen nicht, die:
- ☐ mir Veränderungen aufzwingen, bevor ich dazu bereit bin.
- ☐ Veränderungen durchführen um der Veränderung willen.
- ☐ immer nur Ergebnisse von mir wollen, aber keine Rücksicht auf mich nehmen.

Haben Sie Schwerpunkte in den Quadranten feststellen können? Oder haben Sie in allen vier Bereichen Ihre Haken und „X“ (bei „Ich mag Menschen / nicht ...“) angebracht? Alle Kombinationen sind möglich, keine ist negativ oder positiv. Vielleicht können Sie bereits eigene *Verhaltenstendenzen* erkennen?

Bei allen Menschen können alle vier Verhaltensweisen beobachtet werden. Was uns von anderen unterscheidet, ist die *Kombination* der einzelnen Schwerpunkte. Alle vier Bereiche können effektiver oder weniger effektiv sein. Entscheidend ist, was der einzelne in bestimmten Situationen oder Umgebungen daraus macht – oder nicht.

Was sind die nächsten Schritte?

Jeder Mensch ist einzigartig und bevorzugt je nach Situation und Umfeld einen bestimmten *Verhaltensstil.* Bei manchen Menschen entstehen Spannungen und Unwohlsein, weil andere anders als sie selbst sind.

Menschen fühlen sich am wohlsten, wenn sie ihren *bevorzugten* Verhaltensstil anwenden können. Um ihnen mehr gerecht zu werden, müssen wir anpassungsfähiger werden, d. h. uns auf die Bedürfnisse einer Person oder Situation einstellen.

Wenn wir mit anderen Menschen zusammenarbeiten, ist es wichtig, sich bewußtzumachen, daß wir alle *unterschiedlich* sind. Sich an das Verhalten anderer und seiner Mitwelt anzupassen stellt keine natürliche, sondern eine erlernbare Fähigkeit dar. Die Entwicklung der Menschheit hat eindrucksvoll aufgezeigt, daß derjenige dauerhaft am erfolgreichsten ist, dem es gelingt, in Übereinstimmung und Harmonie mit seiner Umwelt zu leben. Wenn Sie auf die Bedürfnisse Ihrer Kollegen, Mitarbeiter, Chefs, Kunden, Partner und Kinder richtig eingehen, verbessern sich Ihre sozialen Beziehungen, das betriebliche oder familiäre Klima und Ihre gemeinsamen Erfolgserlebnisse.

Mit diesem *„1x1"-Buch* wollen wir Sie motivieren, sich vor allem mit denjenigen Mitmenschen aus Ihrem beruflichen oder privaten Umfeld zu beschäftigen, die einen *anderen* Verhaltensstil haben als Sie selbst.

Bei dieser Entdeckungsreise wünschen wir Ihnen viele „Aha-Erlebnisse" bezüglich des Themas Persönlichkeit, neue Erkenntnisse über menschliche Verhaltensweisen und viele konkrete Ansatzpunkte für ein besseres Miteinander in Ihrer täglichen Praxis. Viel Spaß bei der Umsetzung.

Zugunsten einer besseren Lesbarkeit und der Einfachheit halber haben wir uns in unseren Formulierungen grammatikalisch auf die männlichen Formen beschränkt, z. B. „der" Partner. Selbstverständlich sind auch unsere *Leserinnen* in gleicher Weise mit angesprochen.

„Der Erfolgreiche überprüft seine Begabungen und Fähigkeiten, ehe er sein Ziel steckt."
Vera F. Birkenbihl

Stillstand ist Rückschritt

Wie läßt sich Persönlichkeit erfassen?

„Persönlichkeiten werden nicht durch schöne Reden geformt, sondern durch Arbeit und Leistung."
Albert Einstein

Wissenschaftlich abgesicherter Test

4 Persönlichkeits-Typen

Während bekannte *Persönlichkeitsmodelle* von C. G. Jung, H. J. Eysenck, E. Kretschmer, F. Riemann, A. H. Maslow und anderen Psychoanalytikern ihre Grundlagen vornehmlich aus der Beschäftigung mit klinisch kranken Persönlichkeiten gewannen, entwickelte der amerikanische Psychologe *William Moulton Marston* in den 20er Jahren auf der Basis umfassender Studien ein ebenso einfaches wie praktikables Persönlichkeitsmodell, das auf Verhaltensforschungen bei „gesunden" Menschen fußt („Emotions of Normal People", New York 1928).

Marston beschrieb vier grundlegende Verhaltensmuster, die sich in jedem Menschen wiederfinden – allerdings in unterschiedlichem Ausmaß. Menschliches Verhalten ist zunächst eine Folge zweier wesentlicher Einflüsse oder Variablen, je nachdem, ob eine Person

- ihre *äußere* Umgebung als eher günstig oder ungünstig wahrnimmt
- und von ihrer *inneren* Einstellung auf dieses Umfeld eher aktiv oder passiv reagiert.

Daraus entwickelte Marston ein *2-Achsen-Modell* mit den Polen

- *günstige / ungünstige* Wahrnehmung und
- *aktive / passive* Reaktion.

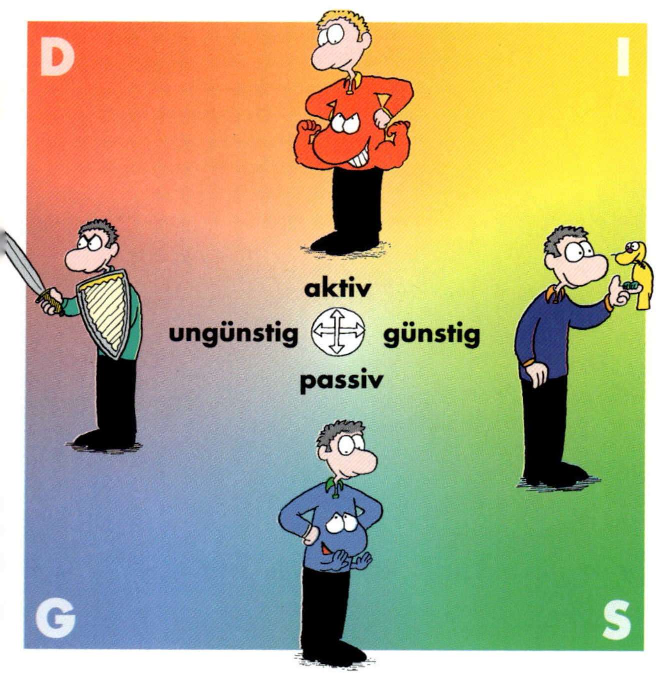

Diese beiden Doppel-Polaritäten wurden später in

- *extrovertiert / introvertiert* und
- *aufgaben- / menschenorientiert*

modifiziert.
Hieraus ergeben sich vier Quadranten bzw. Grundtypen der Persönlichkeit.

Dominant – Initiativ – Stetig – Gewissenhaft

Auf der Grundlage der beiden Achsenpole beobachtete und beschrieb Marston vier grundlegende Verhaltensstile D-I-S-G eines Menschen:

D-Dominant = aufgabenorientiertes und extrovertiertes Verhalten:
Der Drang, die Kontrolle zu übernehmen und Ergebnisse zu erzielen.
D will Herausforderungen annehmen und siegen.

I-Initiativ = extrovertiertes und menschenorientiertes Verhalten:
Der Drang, andere zu motivieren, sich auszudrücken und gehört zu werden.
I will andere überzeugen und beeinflussen.

S-Stetig = menschenorientiertes und introvertiertes Verhalten:
Der Drang nach Stabilität und Harmonie.
S will andere unterstützen und für geordnete Beziehungen sorgen.

G-Gewissenhaft = introvertiertes und aufgabenorientiertes Verhalten:
Der Drang, das Richtige „richtig" zu tun.
G will Ärger vermeiden und achtet auf Präzision und Genauigkeit.

Jeder Mensch zeigt generell Verhaltenstendenzen aus jedem dieser vier Verhaltensstile. Wir neigen jedoch dazu, je nach beruflichem oder privatem Umfeld einen dieser Stile öfter an den Tag zu legen als die Verhaltenstendenzen der anderen drei Stile.

D, I, S, G nach W. M. Marston im amerikanischen Original:
D „Dominance"
I „Inducement"
S „Submission"
C „Compliance"

„Das Verhalten des Menschen ist eine Funktion der Persönlichkeit und der Umwelt."
Kurt Lewin

4 Verhaltenstile

Das DISG-Persönlichkeitsmodell

Ein Selbstlern-Instrument:

selbstanleitend

selbstauswertend

selbsterklärend

Das DISG-Persönlichkeits-Profil kategorisiert das Verhalten von Menschen.

Für die vier Stile beschrieb Marston 15 verschiedene, beobachtbare Verhaltensweisen und Ausprägungen *(„DISG-Persönlichkeits-Typen“)*, denen er Begriffe wie Entwickler, Förderer, Spezialist, objektiver Denker etc. zuordnete. Der Verhaltenspsychologe *John G. Geier* setzte diese Erkenntnisse in den 60er Jahren in ein *Persönlichkeits-Profil* um, das heute in über 50 Ländern verbreitet, wissenschaftlich abgesichert und immer weiter verbessert worden ist.

Eine wichtige Erkenntnis daraus ist, daß jede Verhaltenstendenz aus den vier Quadranten D, I, S, G in jeder *Persönlichkeitsstruktur* vorhanden ist, allerdings fast immer in *unterschiedlicher* Intensität.

■ In einem ungünstigen Umfeld wird ein Mensch mit einem hohen D aktiv werden; er versucht, Kontrolle über die Situation zu bekommen und Widerstände zu überwinden.

■ Ein hohes G hingegen reagiert eher vorsichtig und versucht, sich rückzuversichern und so an die Situation anzupassen, daß Ärger vermieden wird.

In einem freundlichen Umfeld gewinnen die anderen beiden Elemente I und S die Oberhand:

■ Eine Person mit hohem I reagiert aktiv (= extrovertiert) auf ihr Umfeld. Sie motiviert und überzeugt andere, wirkt optimistisch und sucht unmittelbar den Umgang mit anderen Menschen.

■ Ein Mensch mit hohem S sucht in einem positiven Umfeld ebenfalls den Kontakt mit anderen, verhält sich jedoch zurückhaltender als I. Er ist besonnen, unterstützt, stimmt zu, nimmt Rücksicht und sucht echte Beziehungen.

Bei den meisten Menschen herrschen mindestens zwei der vier Verhaltenstendenzen vor. Bei einem Menschen, der z. B. ein hohes D und ein hohes I hat, rückt in einer ungünstigen Umgebung eher das Verhalten des hohen D in den Vordergrund, während er in einer günstigeren Situation eher das Verhalten eines hohen I zeigt. Dieser Mensch reagiert immer aktiv auf sein Umfeld, jedoch unter Streß - und wenn sein Umfeld für ihn negativ ist - eher aggressiv und ausdrucksstärker.

Anleitung zum weiteren Gebrauch des Buches

WICHTIGE „D"-INFORMATION!

1. Buch durchblättern und zumindest Zwischen-**Überschriften** und Zusammenfassungen **lesen**.

2. **Markieren**, was nötig ist.

3. **Umsetzen** und weitere → „1x1"-Exemplare sofort bestellen.

Die Autoren

Liebe „I"-Freunde,

wir haben hier ein schönes Buch, das Euch bestimmt begeistern wird. Vielleicht habt Ihr beim Lesen auch so viel Freude wie wir beim Schreiben?!

Wir haben für Euch extra großen Wert auf Bilder, Farben und Geschichten gelegt, damit Ihr viel Spaß beim Durchsehen habt.

- Bitte beim Lesen beachten, daß sich der Mensch nur drei Dinge auf einmal merken kann.
- Bitte nicht alles auf einmal umsetzen wollen und nicht vergessen: „Weniger ist mehr."
- Bitte weitere „1x1"-Exemplare für alle Kollegen, Freunde und Kunden bestellen, und vergeßt nicht, einen persönlichen Gruß reinzuschreiben …

Bis bald

Eure Autoren

☛ P.S.: Faxt uns eine wahre Geschichte, die Ihr nach dem Lesen des „1x1"-Buches erlebt und erfolgreich umgesetzt habt. Die beste Story wird mit Eurem Bild veröffentlicht.

hr geehrte „G"-Leserin, sehr geehrter „G"-Leser!

diesem Buch wurden Informationen im Umfang von 11.257 eiten insbesondere aus US-amerikanischen Quellen verarbeitet; s stellt so für Sie ein qualifiziertes Nachschlagewerk dar. 134 Cartoons, 39 Grafiken, 64 Tabellen, 10 Bilder sowie 23 weiterführende Literaturhinweise geben Ihnen die nötigen Informationen, die Sie zur Einführung ins Thema „Persönlichkeit" brauchen. Es wurden sowohl ausführliche Beschreibungen als auch synoptische Übersichten verwendet. Die statistischen Werte des DISG-Modells wurden im Kaplan-Report (Minneapolis, Minnesota 1983) und einer deutschen Validierungsstudie von DISG-Training (Giengen 1995) nachgewiesen.

Obwohl alle Seiten von mehreren Lektor(inn)en Korrektur gelesen wurden, teilen Sie uns bitte eventuelle Druck- oder Satzfähler mit, damit wir diese in der nächsten Auflage korrigieren können.

Giengen und Heidelberg, 14. Dezember 1995, 8.57 Uhr

Hochachtungsvoll

Die Autoren

P.S.: Auf die Möglichkeit zur Folgebestellung weiterer Leseexemplare wird auf den entsprechenden Anzeigenseiten hingewiesen.

Guten Tag, liebe „S"-Leserin, guten Tag, lieber „S"-Leser,

blättern Sie das Buch erst einmal kurz durch, um sich einen Überblick zu verschaffen. Sie werden feststellen, daß den verschiedenen Anwendungen immer die gleiche Struktur zugrunde liegt.

Sie werden sich schnell an die interessante Schreibweise gewöhnen. Machen Sie sich selbst keinen Druck, und lesen Sie einfach Seite für Seite, besprechen Sie die Inhalte mit einem/r guten Freund/in, und tauschen Sie sich darüber im regionalen Arbeitskreis der GABAL e.V. aus.

Mit freundlichen Grüßen

Ihre Autoren

☛ *Falls Sie mit dem „1x1 der Persönlichkeit" gute Erfahrungen gemacht haben, können Sie es zu Geburtstagen oder Weihnachten an Ihre guten Bekannten verschenken. Sie können das Buch bei Ihrem Buchhändler oder bei den im Anhang angegebenen Adressen bestellen.*

2. Wer bin ich – wer ist der andere?

„Den Charakter kann man auch aus den kleinsten Handlungen erkennen."
Lucius Annaeus Seneca

Das Kennenlernen Ihres *bevorzugten Verhaltensstils* wird Ihnen helfen, durch bessere *Selbstkenntnis* effektiver mit sich selbst und anderen umzugehen.

Rubbeltest zur Selbsteinschätzung:

Legen Sie nun bei unserem kleinen Test zum *„1x1 der Persönlichkeit"* 10mal eine Reihenfolge *(„Ranking")* von 1 bis 4 innerhalb *einer* Wortgruppe mit jeweils vier Begriffen fest.*)

Beim Ausfüllen der beiden Spalten 1 und 2 sollten Sie sich in jeder Wortgruppe für das Wort entscheiden, welches Ihnen „am ehesten" entspricht (4 Punkte), dann für das, welches Ihnen „am wenigsten" entspricht (1 Punkt), und dann für die beiden dazwischen liegenden. Geben Sie 3 Punkte für „am zweitbesten" und 2 Punkte für „am zweitwenigsten".

Tragen Sie die Punkte jeweils in die Kästchen der Spalte 1 und 2 ein.

Kleiner Persönlichkeits-Test

*) Hinweis:
Denken Sie sich beim Ausfüllen der Selbsteinschätzung in ein bestimmtes Umfeld hinein. Es spielt keine Rolle, ob Sie dies für Ihre berufliche oder private Situation ausfüllen. Entscheiden Sie sich jedoch für *ein* bestimmtes Umfeld!

	1	3		2	4
begeistert			konkurrierend		
entschlossen			ausgleichend		
gewissenhaft			gesellig		
loyal			gründlich		
reserviert			freundlich		
gewinnend			aggressiv		
gutmütig			logisch		
ruhelos			entspannt		
einsichtig			beherrscht		
kontaktfreudig			nett		
anspruchsvoll			aufmerksam		
vorsichtig			stur		
willensstark			inspirierend		
taktvoll			beständig		
mitfühlend			hartnäckig		
verspielt			akkurat		
verbindlich			direkt		
einsichtig			fröhlich		
gesprächig			diplomatisch		
herausfordernd			rücksichtsvoll		

Nachdem Sie Ihre Punkte in den Wortgruppen verteilt haben, nehmen Sie eine Geldmünze und rubbeln ganz leicht die weißen Kästchen in der Spalte 3 und 4 frei: Dabei werden die Buchstaben **D**, **I**, **S** und **G** in einem Grauton sichtbar. Zählen Sie zum Schluß die Punkte für alle 4 Buchstaben zusammen, und halten Sie diese *Summen* als Ergebnis fest (Kontrolle: Gesamtsumme = 100):

D	I	S	G

Der Buchstabe mit der *höchsten Punktzahl* repräsentiert Ihr am stärksten ausgeprägtes Verhalten; die Summen der anderen Buchstaben zeigen Ihre *Verhaltenstendenzen* in den anderen drei DISG-Bereichen. Sie werden feststellen, daß Sie Merkmale von *allen* Verhaltenstendenzen besitzen. Es gibt z. B. weder „den" Dominanten noch „den" Gewissenhaften in Reinkultur, sondern zahlreiche Kombinationsmöglichkeiten aus allen vier Bereichen. Jeder Mensch ist *einzigartig*. Unser kleiner *1x1-Test* (Kurzanalyse) kann Ihnen jedoch eine grobe Tendenz aufzeigen.*)

„Ein Bild sagt mehr als tausend Worte." In einem *Flächendiagramm* sichtbar gemacht, können Sie bereits umrißartig Ihr *Persönlichkeits-Profil* nach dem DISG-Modell erkennen.

Auf der nächsten Seite können Sie Ihr Ergebnis in das Diagramm einzeichnen.

*) Wenn Sie mehr über die 15 klassischen DISG-Typen erfahren und mit dem original DISG-Test Ihr genaues, ausführliches Persönlichkeits-Profil ermitteln wollen, finden Sie entsprechende Hinweise im Anhang.

Beispiel:

D	I	S	G
15	27	35	23

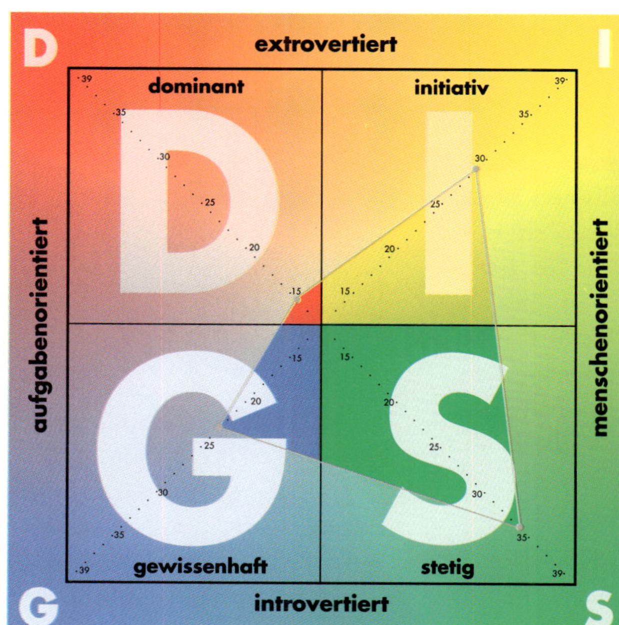

Wie sieht mein „1x1-Persönlichkeits-Profil" aus?

„Ein Licht, das von innen her leuchtet, kann niemand auslöschen."
Kubanische Weisheit

Tragen Sie nun *Ihre* Punktwerte für **D**, **I**, **S**, **G** in das *Flächendiagramm* ein, und verbinden Sie die vier Punkte auf den Diagonalen zu Ihrem „1x1-Persönlichkeits-Profil". Wenn Sie – wie in unserem Beispiel – „Ihre" Flächen in den einzelnen Quadranten z. B. mit verschiedenfarbigen Textmarkern ausmalen, werden Ihre persönlichen Verhaltenspräferenzen deutlich sichtbar.

Auswertung: Mein 1x1-Persönlichkeits-Profil

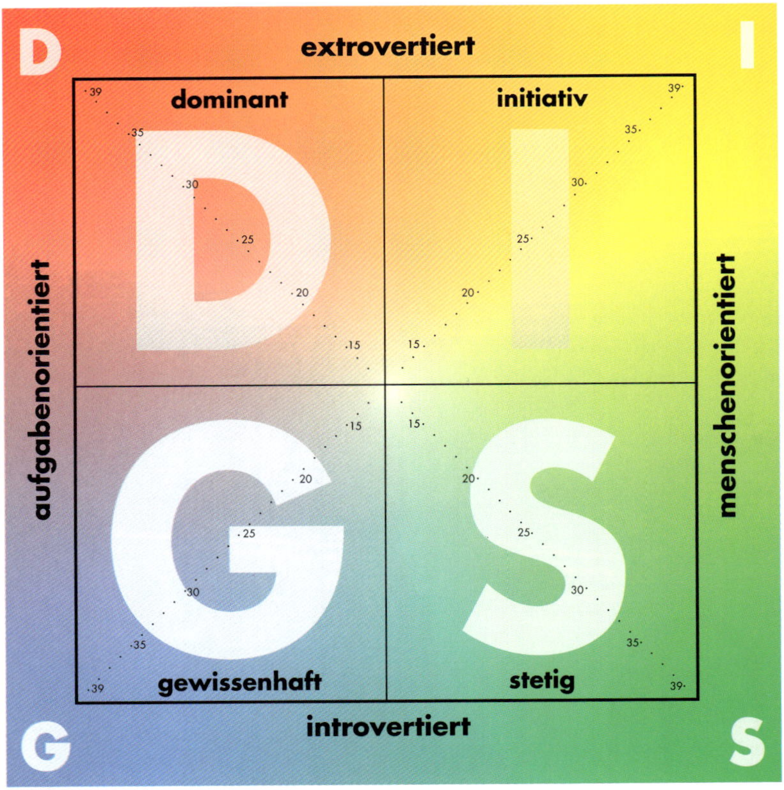

Alle Profile haben sowohl Stärken als auch Schwächen. Was für den einen eine Stärke darstellt, kann für den anderen eine Schwäche sein.

Auch wenn wir natürliche Widerstände und Vorbehalte haben, Menschen zu typisieren und zu katalogisieren, kann es doch riskanter sein, *nicht* herauszufinden, wo die eigenen Tendenzen und Charakteristiken liegen. Denn damit nehme ich mir die Möglichkeit, mich selbst und andere besser zu verstehen. Auch wenn jeder Mensch einzigartig ist, gibt es doch viele Gemeinsamkeiten und Ähnlichkeiten in der Persönlichkeit und den Verhaltenstendenzen, so daß wir nachweislich unsere Effektivität in vielen Verhaltenssituationen noch verbessern können.

Wie kann ich mich selbst besser verstehen?

Das DISG-Modell beschreibt Ihren *einzigartigen* Verhaltensstil, der immer eine Kombination aller vier Verhaltenstendenzen ist. Die Verhaltensweisen, die intensiver vorhanden sind, gebrauchen Sie öfter. Das „beste" Profil gibt es nicht. Alle Verhaltensstile können mehr oder weniger *effektiv* sein. Sie sind dann am effektivsten, wenn Sie Ihr eigenes Verhalten und den Verhaltensstil anderer verstehen, die Erfordernisse der jeweiligen Situation einschätzen und Ihr Verhalten entsprechend anpassen.

„Wenn zwei dasselbe tun, ist es noch lange nicht das gleiche."

Sprichwort

Kurzerklärung der DISG-Typen

Dominanter Typ

Ist motiviert, Probleme zu lösen und schnelle Ergebnisse zu erreichen.

Stellt den Status quo in Frage.

Bevorzugt direkte Antworten, vielfältige Tätigkeiten und Unabhängigkeit.

- „Am liebsten bin ich mein eigener Chef."
- „Ich weiß, was ich will, und setze mich dafür ein."
- „Ich fordere mich gerne selbst heraus."

Initiativer Typ

Ist motiviert, andere zu überzeugen und zu beeinflussen.

Ist offen und drückt seine Gedanken und Gefühle in Worten aus.

Arbeitet am liebsten mit anderen zusammen.

- „Ich erzähle gerne Stories und unterhalte andere gerne."
- „Ich kann mich über alles mögliche aufregen."
- „Ich will frei sein von Detailarbeit und Kontrolle."

Gewissenhafter Typ

Ist motiviert, hohe Standards zu erreichen.

Ist eher diplomatisch und wägt das Pro und Contra ab.

Bevorzugt ein Umfeld, welches klar definierte Erwartungen hat.

- „Ich liebe es, Dinge zu analysieren."
- „Ich fühle mich in emotionsgeladenen Situationen unwohl."
- „Ich arbeite gerne mit Menschen zusammen, die organisiert sind und hohe Standards haben."

Stetiger Typ

Ist motiviert, ein berechenbares, organisiertes Umfeld zu schaffen.

Ist geduldig und ein guter Zuhörer.

Ist lieber Teammitglied als Teamleiter und hört lieber zu, als selbst zu reden.

- „Ich arbeite gerne mit Menschen zusammen, die miteinander auskommen."
- „Ich helfe anderen gerne."
- „Bei der Erledigung einer Aufgabe kann man sich auf mich verlassen."

Lesen Sie die Ausführungen auf den nächsten Seiten über die verschiedenen Persönlichkeits-Typen immer unter der *Prämisse:* „Je stärker D, I, S oder G von mir selbst oder anderen ist, desto mehr treffen diese Aussagen auch auf mich und andere zu..."

■ Teil 2

Dominant

Der „dominante" Persönlichkeits-Typ

„Mit einem Choleriker kann man über alles reden, nur muß man ihm rechtgeben."
Karl Peltzer

Dominante gestalten ihre Umgebung, indem sie Widerstände überwinden, um Ergebnisse zu erzielen. Dominante zeigen von sich aus Initiative, haben Freude am Wettbewerb und sind im allgemeinen direkt, positiv und geradeaus – manchmal auch grob. Sie stehen gern im Mittelpunkt und lieben es, ihr Umfeld zu kontrollieren. Menschen mit hohem **D** reagieren positiv auf schwierige Aufgabenstellungen und große Herausforderungen. Sie verlangen viel – von sich und anderen. Sie haben viel Energie und können eine starke Willenskraft entwickeln, um ihre Ziele zu erreichen oder sie gegebenenfalls gegenüber anderen durchzusetzen.

Stärken

Kreuzen Sie an, was auf Sie oder Ihre „Zielperson" zutrifft

Verhaltenstendenzen

- übernimmt das Kommando
- veranlaßt Dinge und bringt sie ins Rollen
- zielt auf sofortige Ergebnisse
- trifft schnelle Entscheidungen
- nimmt Herausforderungen an
- stellt bestehende Zustände in Frage
- packt Probleme geradewegs an

Ideales Umfeld für „Dominante"

- eine starke, einflußreiche Position
- neue, abwechslungsreiche Aufgaben
- viel Bewegungsfreiheit bei der Arbeit
- direkte Antworten, wenig Diskussionen
- Herausforderungen und Ansehen
- wenig Kontrolle und Beaufsichtigung
- Gelegenheit zu persönlichen Erfolgen

Tips zur persönlichen Entwicklung

- mehr Geduld aufbringen, zuhören
- auf Bedürfnisse anderer eingehen
- Beweggründe ausreichend erläutern

Zusammenfassung

„D“ beeinflußt gerne seine Umwelt, fühlt sich durch Widerstände herausgefordert und will Ergebnisse erzielen.

7 hervorstechende Eigenschaften von Personen mit „hohem D“:

- großes Selbstvertrauen
- mutig
- ergebnisorientiert
- bestimmend
- wetteifernd
- durchsetzungsfähig
- direkt, offen

Engpässe

Mögliche Schwächen

- unsensibel gegenüber Gefühlen anderer
- übersieht Risiken und Warnungen
- stellt zu hohe Ansprüche an andere
- verursacht Schwierigkeiten in Teams
- nimmt sich zuviel auf einmal vor
- vernachlässigt wichtige Details
- übertreibt die Kontrolle von Personen

„D“ braucht andere, die

- Routine-Arbeiten gerne erledigen
- besonnen und mit Vorsicht handeln
- auf Details und Fakten achten
- das Für und Wider gegenüberstellen
- Risiken abschätzen und berechnen
- Grundlagen erforschen, Details prüfen
- sichere Entscheidungen vorbereiten

Beachten Sie dazu auch Seite 30
„Dominante“ Misch-Typen

Der „initiative" Persönlichkeits-Typ

„Der Sanguiniker hat den Vorzug, die Schwere des Lebens auf eine leichte Schulter zu nehmen."
Karl Peltzer

Initiative versuchen, andere zu Allianzen zusammenzubringen, um ihre Ziele zu erreichen. Sie versuchen eher, andere zu überzeugen, als sie zu zwingen. Menschen mit hohem „I" fühlen sich wohl, wenn sie ihre sozialen Kontakte pflegen können; sie tun Dinge nicht gern allein und lieben Aktivitäten in der Gruppe. Sie arbeiten dann effektiv, wenn sie keiner Kontrolle oder Detailarbeit unterworfen sind. Sie handeln im allgemeinen spontan und sind nur soweit wie nötig diszipliniert. Häufig sind sie voller Tatendrang und Energie, welche jedoch unnötig verschwendet werden, weil sie sich in zu vielen Aktivitäten verzetteln oder kein festes Ziel verfolgen.

Kreuzen Sie an, was auf Sie oder Ihre „Zielperson" zutrifft

Stärken

Verhaltenstendenzen
- ☐ knüpft Kontakte, unterhält andere
- ☐ schafft motivierende Atmosphäre
- ☐ versprüht Optimismus, Begeisterung
- ☐ steht gerne im Mittelpunkt
- ☐ arbeitet gern in einer Gruppe
- ☐ drückt sich gut und klar aus
- ☐ teilt Gefühle anderen offen mit

Ideales Umfeld für „Initiative"
- ☐ freundliche, angenehme Atmosphäre
- ☐ Befreiung von Detailarbeit und Kontrolle
- ☐ Gelegenheit, Vorschläge zu machen
- ☐ öffentliche Anerkennung der Fähigkeiten
- ☐ gemeinsame Aktivitäten in der Freizeit
- ☐ Schulung und Beratung anderer
- ☐ freie Meinungsäußerung, Unterstützung

Tips zur persönlichen Entwicklung

- andere realistischer einschätzen
- bei Entscheidungen objektiver sein
- Prioritäten und feste Termine setzen

Zusammenfassung

„I" fühlt sich herausgefordert, wenn andere für neue Aktivitäten gewonnen und zusammengebracht werden müssen.

7 hervorstechende Eigenschaften von Personen mit „hohem I":

- beziehungsorientiert
- beeinflussend
- begeisternd
- emotional
- gesprächig
- optimistisch
- spontan

Engpässe

Mögliche Schwächen

- bringt Dinge nicht konsequent zu Ende
- Subjektivität bei Entscheidungen
- schätzt Ergebnisse zu optimistisch ein
- redet zuviel, handelt zu impulsiv
- versucht, zuviel auf einmal zu tun
- mag es nicht, allein sein zu müssen
- hat unbegründete Angst vor Ablehnung

„I" braucht andere, die

- sich auf *eine* Aufgabe konzentrieren
- Routine und Detailarbeit erledigen
- aufrichtig, direkt und sachlich reden
- sich an Zahlen und Fakten orientieren
- systematisch und geplant arbeiten
- Dinge statt Menschen bevorzugen
- Vorgänge abarbeiten und kontrollieren

Beachten Sie dazu auch Seite 31 „Initiative" Misch-Typen

Der „stetige" Persönlichkeits-Typ

„Der Phlegmatiker läßt die Dinge auf sich zukommen und ist glücklich, wenn sie an ihm vorbei gehen."
Karl Peltzer

Stetige fühlen sich in einer entspannten und freundlichen Atmosphäre wohl, die Sicherheit, klare Vereinbarungen und vorhersehbare Abläufe beinhaltet. Persönlichkeiten mit hohem „**S**" sind gute Planer. Sie müssen allerdings immer einen Schritt nach dem anderen angehen, statt den ganzen Prozeß im Blick zu haben. Stetige haben Mühe, sich selbst zu promoten, und vermeiden dies, so gut sie können. Im allgemeinen zeigen Stetige nicht so viel Tatendrang und Energie wie Dominante und Initiative. Sie brauchen ständigen starken Zuspruch und Anerkennung für geleistete Arbeit; sie bevorzugen es, Dinge in Ruhe abzuarbeiten.

Stärken

Kreuzen Sie an, was auf Sie oder Ihre „Zielperson" zutrifft

Verhaltenstendenzen

- [ ] bleibt gerne an einem festen Arbeitsplatz
- [ ] vermittelnd, beruhigt aufgeregte Leute
- [ ] konzentriert sich auf die Aufgaben
- [ ] schafft ein stabiles, beständiges Umfeld
- [ ] hält akzeptierte Arbeitsabläufe ein
- [ ] entwickelt spezialisiertes Können
- [ ] hört ruhig, gut und geduldig zu

Ideales Umfeld für „Stetige"

- [ ] echte, ernsthafte Wertschätzung
- [ ] möglichst keine Konfliktsituationen
- [ ] Anerkennung für geleistete Arbeit
- [ ] festes, abgegrenztes Aufgabengebiet
- [ ] Begründungen für Veränderungen
- [ ] geregelte, geordnete Vorgehensweisen
- [ ] Gelegenheiten für Persönliches

Tips zur persönlichen Entwicklung

- sich Konfrontationen bewußt stellen
- öfter einmal die Initiative ergreifen
- schnelle Veränderungen akzeptieren

Zusammenfassung

„S“ fühlt sich herausgefordert, wenn er/sie mit anderen zusammenarbeiten muß, um Ergebnisse zu erreichen.

7 hervorstechende Eigenschaften von Personen mit „hohem S“:

- **treu, loyal**
- **teamfähig**
- **unterstützend**
- **bescheiden**
- **bewahrend, geduldig**
- **pragmatisch**
- **zuverlässig**

Engpässe

Mögliche Schwächen

- wehrt sich gegen Veränderungen
- unter Druck keine Termintreue
- ist zu nachsichtig und tolerant
- unentschlossen, mangelnde Initiative
- schiebt Dinge lange vor sich her
- stellt eigene Wünsche zu sehr zurück
- zu stark von Beziehungen abhängig

„S“ braucht andere, die

- neue Herausforderungen annehmen
- Hilfe bei schwierigen Problemen bieten
- schnell auf Veränderungen reagieren
- Unvorhersehbares bewältigen können
- Aufgaben an Stetige delegieren
- Initiative zeigen, Neues initiieren
- Unangenehmes direkt angehen

Beachten Sie dazu auch Seite 32
„Stetige“ Misch-Typen

■ Teil 2

Gewissenhaft

„Melancholie ist eine geistige Farbenblindheit, denn sie sieht immer nur alles grau in grau."
Karl Peltzer

Der „gewissenhafte" Persönlichkeits-Typ

Gewissenhafte bevorzugen Ordnung, Disziplin und eine sachliche Atmosphäre mit der Möglichkeit, Dinge in ausreichender Qualität erledigen zu können. Ihre Vorgehensweisen sind genau geplant, präzise und berücksichtigen alle Einzelheiten. Obwohl Menschen mit hohem „**G**" gut Strukturen aufbauen können, neigen sie dazu, sehr effizient, aber weniger effektiv zu arbeiten, d. h. sich in Einzelheiten zu verlieren. Oft beschäftigen sie sich zu sehr mit sich selbst oder ihren Aufgaben und engagieren sich in Bereichen, in denen sie nicht ihre optimale Leistung bringen können. Gewissenhafte zeigen weniger Energie und Tatendrang als andere.

Stärken

Kreuzen Sie an, was auf Sie oder Ihre „Zielperson" zutrifft

Verhaltenstendenzen

- folgt Anweisungen und Normen
- konzentriert sich auf wichtige Details
- geht diplomatisch mit Menschen um
- denkt kritisch und prüft Genauigkeit
- akzeptiert Autoritäten bereitwillig
- arbeitet unter geregelten Bedingungen
- entscheidet analytisch und objektiver als andere

Ideales Umfeld für Gewissenhafte

- eine genaue Aufgabenbeschreibung
- genügend Zeit zur Aufgabenerledigung
- Gelegenheit zur sachlichen Kritik
- Nachfrage nach Detail-/Qualitätsarbeit
- Beibehaltung bewährter Verfahren
- Vorbereitung auf Veränderungen
- Bestätigung und Sicherheitsgarantien

Tips zur persönlichen Entwicklung

- mehr Optimismus an den Tag legen
- größeres Selbstvertrauen entwickeln
- besser (offen) mit Gefühlen umgehen

Zusammenfassung

„G“ fühlt sich herausgefordert, wenn bekannte und bewährte Vorgehensweisen zur Erzielung optimaler Qualität eingesetzt werden.

7 hervorstechende Eigenschaften von Personen mit „hohem G“:

- hohe Maßstäbe
- detail-orientiert
- selbst-diszipliniert
- vorsichtig
- analytisch
- logisch, genau
- reserviert

Engpässe

Mögliche Schwächen

verstrickt sich in Einzelheiten, Details
nicht loslassen und delegieren können
richtet sich genau nach Vorschriften
hat Angst, persönliche Fehler zu machen
zögert, neue Dinge auszuprobieren
ist empfindsam bei persönlicher Kritik
denkt zu vorsichtig und pessimistisch

„G“ braucht andere, die

schnelle Entscheidungen treffen
Überzeugungsarbeit leisten können
Optimismus zeigen und ausstrahlen
wichtige Aufgaben gründlich erarbeitet haben wollen
unpopuläre Standpunkte aussprechen
kompromißfähig und flexibel sind
Anweisungen nur als Richtlinien sehen

Beachten Sie dazu auch Seite 33
„Gewissenhafte“ Misch-Typen

„Dominante" Misch-Typen

„Der starke Mann und der Wasserfall graben sich ihren Weg selbst."
John Smiles

Beispiel-Diagramme

Sie haben bereits den Persönlichkeits-Typ „D" in Reinkultur kennengelernt (Seiten 22-23). In Wirklichkeit gibt es verschiedene Ausprägungen des D-Typs, die insbesondere von der zweiten Komponente I, S oder G beeinflußt werden. Auf diese Weise lassen sich *vier „dominante" Misch-Typen* unterscheiden, die zu den insgesamt „15 klassischen DISG-Typen" gehören (vgl. auch Geier/Downey, „Library of Classical Profile Patterns"). Jeder Persönlichkeits-Typ hat ganz bestimmte *Merkmale*, die wir Ihnen kurz vorstellen:

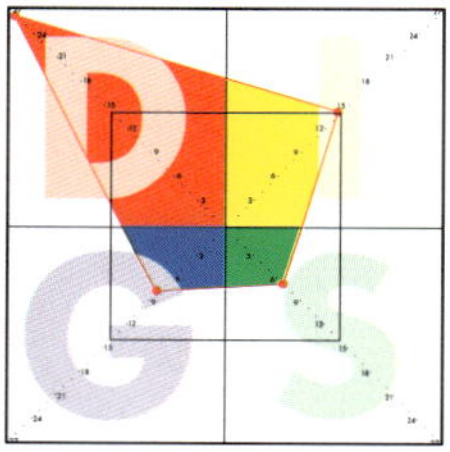

Der *Entwickler* (hohes „D", keine zweite Präferenz) handelt selbstsicher, unternehmerisch und innovativ. Er sucht neue Horizonte, stellt hohe Erwartungen an sich und andere, legt geringen Wert auf zwischenmenschliche Beziehungen.

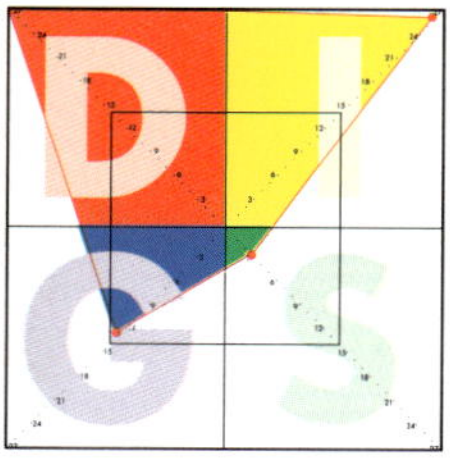

Der *Motivator* (fast gleich viel „I") ergreift die Initiative und leitet andere in Richtung vorbestimmter Ziele oder Ergebnisse. Er ist charmant und überzeugend, kann aber auch kühl wirken und bei anderen das Gefühl des „Benutztwerdens" erwecken.

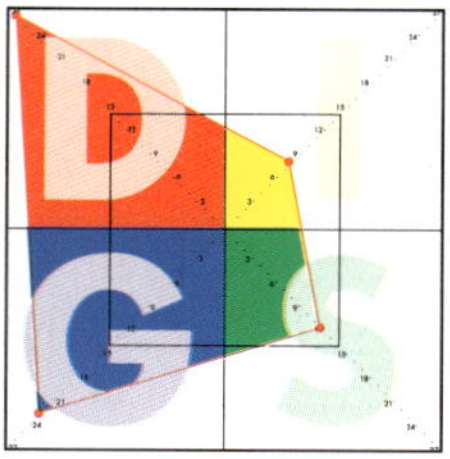

Der *Eroberer* („D" und „G" fast gleich; siehe auch Seite 33) strebt nach guten Leistungen und Perfektion. Er kann alltägliche Entscheidungen schnell treffen; er zeigt eine von Vernunft abgeschwächte Aggressivität und wirkt manchmal kühl oder unnahbar.

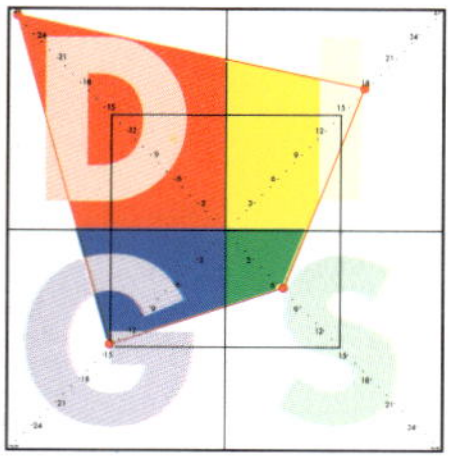

Der *„Ergebnisorientierte Mensch"* (zweite Präferenz „I") handelt selbstsicher und kämpft um seine Ziele; er ist direkt und ein schneller Denker. Er zeigt oft mangelndes Einfühlungsvermögen und zu wenig Geduld.

„Initiative" Misch-Typen

Sie haben bereits den Persönlichkeits-Typ „I" in Reinkultur kennengelernt (Seiten 24-25). In Wirklichkeit gibt es verschiedene Ausprägungen des I-Typs, die insbesondere von der zweiten Komponente D, S oder G beeinflußt werden. Auf diese Weise lassen sich *vier „initiative" Misch-Typen* unterscheiden, die zu den insgesamt „15 klassischen **DISG-Typen**" gehören (vgl. auch Geier/Downey, „Library of Classical Profile Patterns"). Jeder Persönlichkeits-Typ hat ganz bestimmte *Merkmale,* die wir Ihnen kurz vorstellen:

„Wer uns nicht loben kann, der schimpft uns nicht."
Ramier

Beispiel-Diagramme

Der *Überzeuger* (zweite Präferenz „D") arbeitet gern mit anderen und versucht durch sie, seine Ziele zu erreichen. Er sucht Herausforderungen, Abwechslung oder Mobilität und neigt dazu, mehr zu versprechen als zu halten; ist unter Druck leicht zu beeinflussen.

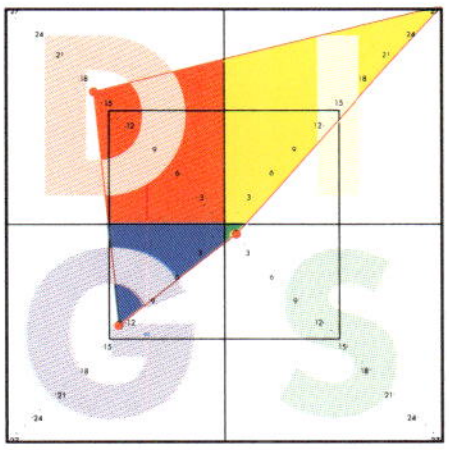

Der *Förderer* (hohes „I", keine zweite Präferenz) hat viele Kontakte, ist gesellig und geschickt im Umgang mit Menschen. Er kann gut mit Worten umgehen und Ideen mit Begeisterung vertreten; er wäre effektiver durch besseres Selbst- und Zeitmanagement.

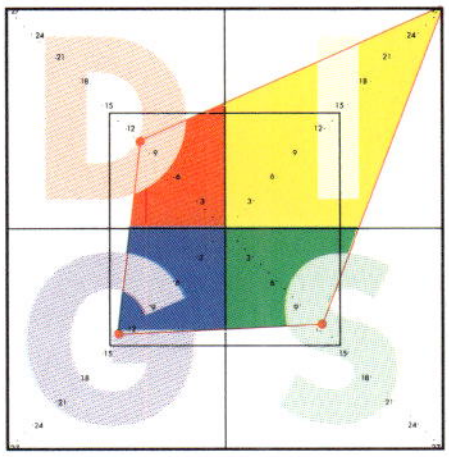

Der *Kalkulierer* (zweite Präferenz „G") tritt selbstsicher auf. Er verhält sich wettbewerbsorientiert und setzt seine Überzeugungskraft ein. Er erklärt seine Beweggründe, um andere zu motivieren; er arbeitet nach detaillierten Plänen und ist ein kritischer Denker.

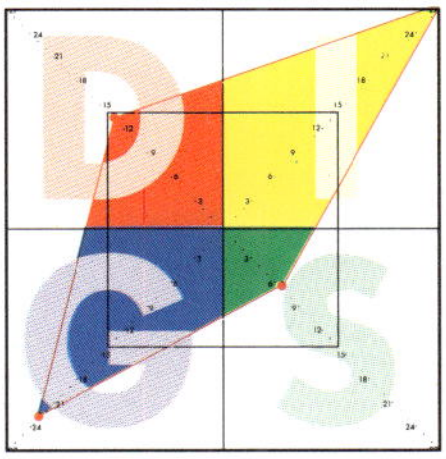

Der *Ermutiger* (zweite Präferenz „S") zeigt Wärme und Mitgefühl; er löst verständnisvoll zwischenmenschliche Probleme und sucht feste Freundschaften. Er ist umgänglich und ein guter Zuhörer, andererseits oft zu tolerant mit unproduktiven Mitarbeitern.

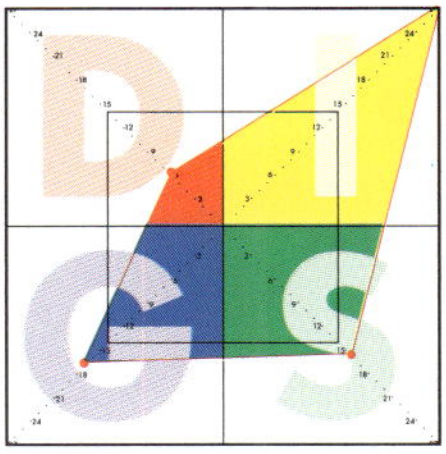

„Stetige“ Misch-Typen

„Im Umgang mit Menschen werden Charaktereigenschaften sichtbar.“
Karl Peltzer

Beispiel-Diagramme

Sie haben bereits den Persönlichkeits-Typ „S“ in Reinkultur kennengelernt (Seiten 26-27). In Wirklichkeit gibt es verschiedene Ausprägungen des S-Typs, die insbesondere von der zweiten Komponente D, I oder G beeinflußt werden. Auf diese Weise lassen sich *vier „stetige“ Misch-Typen* unterscheiden, die zu den insgesamt „15 klassischen DISG-Typen“ gehören (vgl. auch Geier/Downey, „Library of Classical Profile Patterns“). Jeder Persönlichkeits-Typ hat ganz bestimmte *Merkmale,* die wir Ihnen kurz vorstellen:

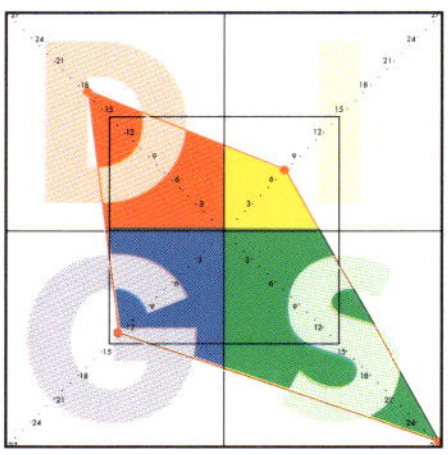

Der *Leistungsmensch* (zweite Präferenz „D“) arbeitet intensiv für seine persönlichen Ziele. Er will gute Leistungen erzielen, ist fleißig, strebsam und genau. Manchmal hat er Schwierigkeiten, zu delegieren und Gruppenziele zu akzeptieren.

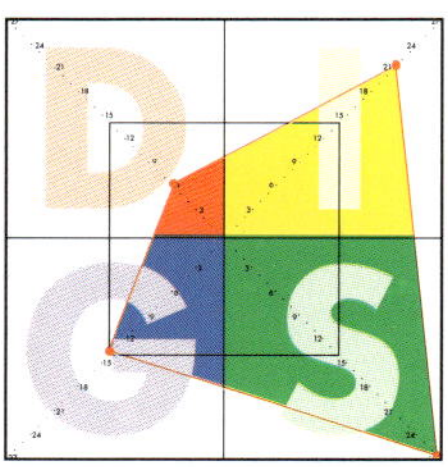

Der *Vermittler* (zweite Präferenz „I“) nimmt Aufgaben wie Beziehungen sehr ernst. Er besitzt ein gutes Einfühlungsvermögen und unterstützt andere bereitwillig. Er kann sich gut organisieren, ist jedoch oft zu tolerant und konfliktscheu.

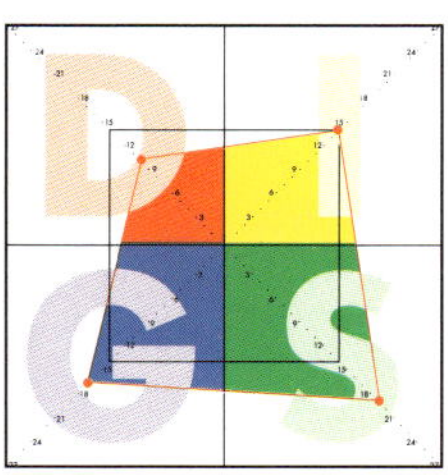

Der *Spezialist* (zweite Präferenz „G“) ist rücksichtsvoll und geduldig. Er arbeitet nach festgelegten Methoden mit großer Beständigkeit. Er kommt mit verschiedensten Menschen gut aus, gewöhnt sich aber nur schwer an Veränderungen.

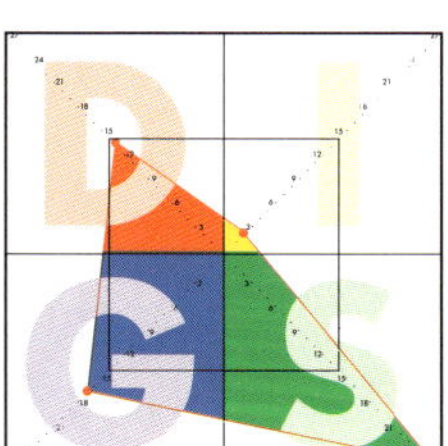

Der *Forscher* (zweite Präferenz „G“ oder „D“) ist objektiv, analytisch und hartnäckig. Er arbeitet gern allein oder zu zweit an schwierigen Problemen. Er zeigt manchmal zu wenig Begeisterung und Verständnis für andere.

„Gewissenhafte“ Misch-Typen

Sie haben bereits den Persönlichkeits-Typ „G“ in Reinkultur kennengelernt (Seiten 28-29). In Wirklichkeit gibt es verschiedene Ausprägungen des G-Typs, die insbesondere von der zweiten Komponente D, I oder S beeinflußt werden. Auf diese Weise lassen sich *vier „gewissenhafte“ Misch-Typen* unterscheiden, die zu den insgesamt „15 klassischen DISG-Typen“ gehören (vgl. auch Geier/Downey, „Library of Classical Profile Patterns“). Jeder Persönlichkeits-Typ hat ganz bestimmte *Merkmale,* die wir Ihnen kurz vorstellen:

„Vom höchsten Ordnungssinn ist nur ein Schritt zur Pedanterie.“
Christian Morgenstern

Beispiel-Diagramme

Eroberer

Der *Eroberer* („G“ und „D“ fast gleich; siehe auch Seite 30) strebt nach guten Leistungen und Perfektion. Er kann alltägliche Entscheidungen schnell treffen; er zeigt eine von Vernunft abgeschwächte Aggressivität und wirkt manchmal kühl oder unnahbar.

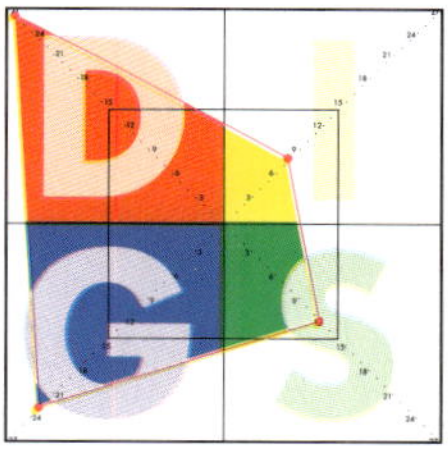

Der *Praktiker* (zweite Präferenz „I“oder „S“) ist ideal für Qualitätskontrolle und erwartet viel von sich und anderen. Er kann technische und menschliche Probleme gut lösen, lobt jedoch andere für ihre erbrachten Leistungen zu wenig.

Praktiker

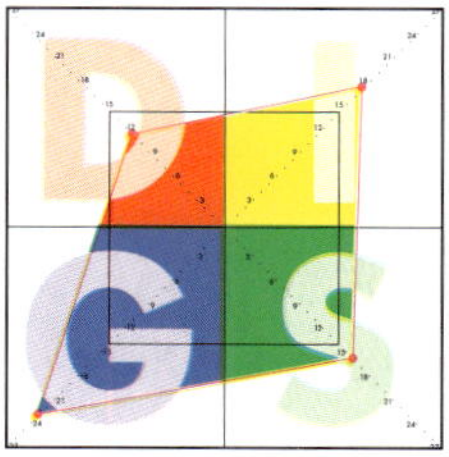

Perfektionist

Der *Perfektionist* (fast gleich viel „S“ wie „G“) ist ein präziser, logischer Denker. Er hält sich beruflich wie privat gern an bewährte Arbeitsabläufe und achtet auf Genauigkeit und Details, worin er sich jedoch verzetteln kann.

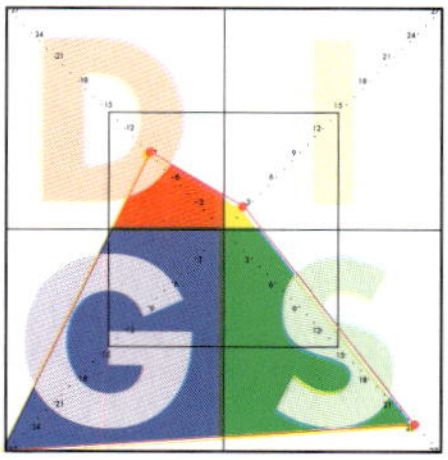

Der *„Objektive Denker“* (zweite Präferenz „S“) besitzt hochentwickelte Fähigkeiten zum kritischen Denken. Er legt großen Wert auf Fakten und Logik, denkt jedoch oft zu analytisch und meidet die Einbeziehung in die Gruppe.

Objektiver Denker

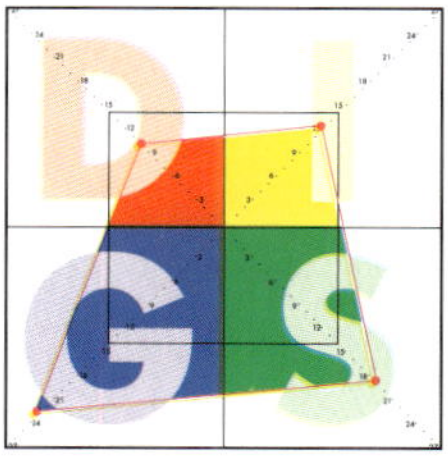

Zusammenfassung

Einen zusammenfassenden Überblick über die 15 klassischen DISG-Persönlichkeits-Typen zeigt Ihnen das nebenstehende Schaubild:

In diesem Kapitel haben Sie

- eine Grobeinschätzung Ihres Persönlichkeits-Profils vorgenommen,
- die vier Hauptstilrichtungen „Dominant – Initiativ – Stetig – Gewissenhaft“ des DISG-Modells kennengelernt und
- eine Übersicht über die 15 klassischen Mischtypen erhalten.

Im Anschluß wollen wir in die praktischen Anwendungen einsteigen, und zwar in den Bereichen Zeit- und Selbstmanagement, Mitarbeiterführung, Zusammenarbeit im Team, Verkauf, Partnerschaft und Kindererziehung.

Vorher können Sie Ihr Wissen mit einem kleinen 1x1-Test überprüfen:

- „D“-Typ: Bitte zuerst Fragen beantworten, dann Ergebnisse freirubbeln!
- „I“ -Typ: Bitte gleich bearbeiten, auch wenn niemand Ihren Erfolg würdigt!
- „S“-Typ: Bitte relaxen, Sie können hier ganz bestimmt nicht durchfallen!
- „G“-Typ: Bitte in 17 Minuten fertig sein, keine Studienarbeit daraus machen!

Wie auch immer Sie sich *jetzt* verhalten werden, viel Spaß dabei!

Wissenstest als Rubbelspaß: DISG-Typen richtig einschätzen

Beurteilen Sie, ob die nachfolgenden Aussagen die vier Persönlichkeits-Typen D, I, S, oder G – hier in Reinkultur – „sehr", „überdurchschnittlich", „unterdurchschnittlich" oder „kaum" charakterisieren. Schreiben Sie in jedes Kästchen den entsprechenden Buchstaben.

Auflösung: Rubbeln Sie mit einer Münze (wie auf Seite 18) die Lösung frei.

Aufgaben:

		am ehesten	überdurchschnittlich	unterdurchschnittlich	am wenigsten
1.	hilft gerne Menschen, die etwas brauchen				
2.	liebt es, im Mittelpunkt zu stehen				
3.	hat Respekt vor Regeln und Autoritäten				
4.	hat hohe Erwartungen an sich selbst				
5.	liebt vielfältige Tätigkeiten und Aktivitäten				
6.	arbeitet beständig an seinen Aufgaben				
7.	hat ein hohes Selbstbewußtsein				
8.	drückt sich gut und klar aus				
9.	ist gerne mit anderen Menschen zusammen				
10.	ist gegenüber persönlicher Kritik empfindlich				
11.	ist im allgemeinen pünktlich				
12.	erledigt Aufgaben schnell				
13.	hat gute persönliche Beziehungen				
14.	will das Außergewöhnliche erreichen				
15.	geht vorsichtig an neue Aufgaben heran				
16.	kann zwischenmenschliche Spannungen abbauen				
17	ist ein guter kritischer Denker				
18.	hat Feingefühl für die Bedürfnisse anderer				
19.	gibt nicht leicht Fehler zu				
20.	hat zu wenig Mut und traut sich zu wenig zu				

Für jede richtige Antwort erhalten Sie 1 Punkt.

Auswertung:

Beträgt Ihr „*1x1-PQ*" (Persönlichkeits-Quotient)

- unter 40 Punkte: Bitte das Buch noch einmal von vorne durcharbeiten!
- 41-66 Punkte: Gut, Sie haben das DISG-Persönlichkeitsmodell verstanden!
- 67-80 Punkte: Spitze, Sie sind ein/e Meister/in im „1x1 der Persönlichkeit"!

Summe:
Ihr persönlicher „1x1-PQ"

3. Wie wende ich DISG an – wie werde ich effektiver?

DISG beim Einkaufen

„D" ist der impulsive Einkäufer. Er hat keine Einkaufsliste.

„I" kann einem genau sagen, wo was im Laden oder im Regal steht, egal, ob man es wissen will oder nicht.

„S" ist vorbereitet, hat eine Liste und erledigt sie relativ rasch.

„G" hat Gutscheine und Handzettel mit Sonderangeboten und vor allem auch seinen Taschenrechner dabei.

DISG in der Küche

„D" ißt schon mal über dem Spülbecken. Er kommt nicht ohne Mikrowelle aus, weil's am schnellsten geht; er probiert gerne neue, exotische Gerichte. Die Küche sieht öfter wie ein Schlachtfeld aus.

„I" liebt Gourmetessen und bewirtet gerne eine Menge Leute. Er hat die neuesten Küchengeräte, ohne sie zu verwenden; er wird von ausgefallenen Verpackungen angezogen.

„S" wechselt zwischen einem Dutzend Standardrezepten ab und tauscht auch gerne Rezepte aus; er schätzt die Essenszeit als wichtige Zeit für die Familie. Er ißt jeden Tag von den vier Grundnahrungsmittel-Gruppen.

„G" kann nicht ohne Rezepte, Eieruhr und Meßbecher kochen; er liest Etiketten und Beschreibungen gründlich. Er kennt den Fett-, Protein- und Kohlehydrategehalt in den Nahrungsmitteln und kauft Küchengeräte, wenn er sie wirklich öfter benötigt und sie qualitativ hochwertig sind.

DISG auf dem Golfplatz

„D" fährt gern mit dem Golfwagen umher und würde am liebsten noch durch Gruppen von Golfern (Abkürzung!) hindurchfahren.

„I" verbringt mehr Zeit im Clubhaus („19. Loch") beim Erzählen als beim Golfspielen auf dem Platz.

„S" spielt immer am gleichen Tag, zur gleichen Zeit, am gleichen Ort, im selben Club.

„G" zählt die Punkte und spielt streng nach Regeln; er reinigt oft seine Schläger.

DISG beim Ordnen und Suchen

„D" hat einen unordentlichen Schreibtisch; er sagt: „Da ist es - such es dir."

„I" will nicht zugeben, daß er nichts findet, und sagt: „Bin jetzt gerade beschäftigt. Laß mir ein paar Minuten Zeit, dann melde ich mich bei dir."

„S" hat alles in alphabetischer Reihenfolge oder nach Farben geordnet.

„G" sagt: „Es ist die dritte Akte unten im Stapel." Selbst wenn der Schreibtisch überquillt, weiß er, wo alles liegt.

Persönlichkeit und Zeitmanagement

Zeitmanagement bedeutet, die eigene Arbeit und Zeit zu beherrschen, statt sich von ihr beherrschen zu lassen. Viele bemühen sich jeden Tag mehr oder weniger erfolgreich, ihre verschiedenen Aufgaben, Prioritäten, Termine und Routinearbeiten übersichtlich und klar zu organisieren. Wir können „*Zeit*" als unseren größten *Engpaß* im Leben nicht ausdehnen oder vermehren, sondern nur die vorhandene Zeit bessser nutzen.

Unser eigener Umgang mit *Zeit* hängt entscheidend von unserer *Persönlichkeit* ab. Je nach Typ und Situation zeigen sich gravierende Unterschiede und Schwierigkeiten, nämlich darin:

- wie jeder auf terminliche Zwänge und Zeitdruck reagiert,
- wie gut oder konsequent er sich selbst und andere diszipliniert,
- wieviel Energie der einzelne hat, um Aufgaben rechtzeitig zu erledigen,
- und wie jeder mit dem Setzen und Erreichen von Zielen umgeht.

Unterschiedliches *Zeitverhalten* können Sie z. B. beobachten, wenn Sie mit anderen in Meetings zusammenarbeiten, an diese delegieren oder als „externer Störfaktor" mit ihnen kommunizieren wollen.

Unsere nachfolgenden Empfehlungen zeigen Ihnen, wie Sie auf die einzelnen Verhaltensstile bei Zeit- und Selbstmanagement-Problemen *situativ* besser reagieren können.

„Persönlichkeiten, nicht Prinzipien, bringen die Zeit in Bewegung."
Oscar Wilde

Der „dominante" Zeitmanager

„Just Do It!"
Werbeslogan von Nike

Dominante würden am liebsten die Zeit anhalten, um sich ihr nicht unterwerfen zu müssen. Sie wollen die Zeit ausnutzen und das Maximale aus jeder Minute herausholen. Zu Verabredungen kommen sie meist pünktlich, behalten sich jedoch das Recht vor, zu spät zu kommen, wenn etwas für sie „Wichtigeres" dazwischenkommen sollte. Dennoch warten Dominante nicht gern; sie erwarten einfach, daß die anderen pünktlich sind und, falls nötig, auf sie selbst warten.

Zeitmanagement-Verhalten:
beobachtbare Vorlieben von hoch Dominanten
= mögliche Stolpersteine für andere

- ☐ analysiert schnell, erkennt Wesentliches
- ☐ hat ständig seine Ziele vor Augen
- ☐ bewertet Aktivitäten ergebnisorientiert
- ☐ schreibt Dinge nur ungern auf
- ☐ macht nur skizzenhafte Pläne
- ☐ kann gut nein sagen, wenn seine Ziele und die Situation nicht zusammenpassen
- ☐ will alles sofort, am besten „gestern", erledigt haben
- ☐ erledigt Dinge nebenbei, während er mit jemandem spricht
- ☐ geht Schreibtischarbeit und zu erledigende Aufgaben zügig an
- ☐ ist bestrebt, Zeitfresser gleich zu beseitigen
- ☐ haßt langweilige Arbeiten oder Unterforderung
- ☐ neigt dazu, zu viele Eisen im Feuer zu haben
- ☐ unterschätzt die Länge der benötigten Zeit
- ☐ handelt impulsiv, ohne die Dinge richtig zu Ende zu denken
- ☐ tendiert zu Durcheinander und Hektik
- ☐ tut nur das, was unbedingt gemacht werden muß; ist wenig organisiert
- ☐ dominiert Diskussionen, vor allem in Meetings
- ☐ forciert Dinge zu schnell und zu oft; meint, Druck auf andere ausüben zu müssen
- ☐ will, daß andere sich kurzfassen
- ☐ unterbricht andere öfter, möchte selber aber nicht gestört werden
- ☐ unterbricht jeden sofort, wenn ihm etwas „Dringendes" einfällt

„Wenn ich nicht will, daß ich was tu, dann schieb ich's einem anderen zu."
Persiflage auf den kategorischen Imperativ

Episode:
Dominik Dominator bläst unmittelbar vor dem Start einer von langer Hand vorbereiteten Werbekampagne alle geplanten Aktionen plötzlich wieder ab. Er meint nämlich, mit Hilfe der neuen Werbeagentur Dawtschenko schnellere Umsatzsteigerungen und eine bessere Marktdurchdringung zu erzielen.

10 Zeitmanagement-Tips für hoch Dominante

- Nehmen Sie sich Zeit, Ihre Ziele und Erwartungen aufzuschreiben und sich über wichtige Prioritäten klarzuwerden.
- Durchdenken Sie ein Projekt in allen Einzelheiten, und schätzen Sie den Zeitbedarf ab, bevor Sie es übernehmen.
- Seien Sie mit anderen geduldiger, geben Sie diesen einen gewissen zeitlichen Vorlauf.
- Überschütten Sie andere nicht mit zu vielen Projekten auf einmal.
- Unterbrechen Sie andere weniger, hören Sie mehr aktiv zu.
- Bleiben Sie aufmerksam, wenn andere mit Ihnen sprechen; halten Sie Blickkontakt.
- Wetteifern Sie weniger, und arbeiten Sie mehr mit anderen zusammen.
- Erst denken, dann (weniger voreilig) handeln.
- Schalten Sie einen Gang zurück, verlangen Sie von anderen nicht so viel wie von sich selbst.
- Nehmen Sie sich auch einmal bewußt Zeit für Muße, Entspannung, Nichtstun.

Der „initiative" Zeitmanager

„Der Mensch ist ein zielstrebiges Wesen, aber meist strebt er zu viel und zielt zu wenig."
Günther Radtke

Initiative tendieren dazu, in der Gegenwart zu denken und zu handeln. Sie achten nicht allzu sehr auf die Uhrzeit, weil diese sie einer Struktur unterwirft. Deshalb kommen Initiative oft zu spät, haben andererseits aber auch Verständnis für das Zuspätkommen anderer. Für hoch Initiative sind Beziehungen wichtiger als Pünktlichkeit. Initiative begeistern sich gern für neue Projekte oder Ideen und versuchen, zu viele Dinge auf einmal zu erledigen.

Zeitmanagement-Verhalten:
beobachtbare Vorlieben von hoch Initiativen
= mögliche Stolpersteine für andere

- entwickelt Ziele spontan, ohne sie aufzuschreiben
- nimmt gerne neue interessante Aufgaben an
- konzentriert sich auf die augenblickliche Situation, wechselt häufig die Prioritäten
- oft in zu viele Aufgaben verstrickt
- organisiert sich besser, wenn er dazu gezwungen ist, z. B. durch drohenden Imageverlust
- tendiert dazu, Aufgaben nicht gründlich abzuwickeln und von einer Aufgabe zur anderen zu springen
- optimistischer Planer, neigt zu spontanen Aktionen
- analysiert selten, haßt Details
- schlecht organisiertes Büro, Chaos
- mangelnde Disziplin für Zeitplanung
- sagt zwar gern „ja", kann dann die Arbeit aber doch nicht ausführen
- vermeidet Routinearbeiten und erledigt diese nur, wenn unbedingt notwendig
- ist spontan gesellig; unterhält sich lieber, als zu arbeiten
- unterbricht andere oft und läßt sich auch von anderen unterbrechen
- schätzt den Vorteil einer „Stillen Stunde" erst, wenn er unter Zeitdruck gerät
- verspätet sich oft bei Meetings und ist nicht gut vorbereitet
- bringt sich bei Besprechungen offen ein, läßt sich aber leicht ablenken und reagiert oft zu emotional

„Sich zu beeilen nützt nichts. Zur rechten Zeit aufzubrechen ist die Hauptsache."
Jean de La Fontaine

Episode:
Inge Initiativle atmet erleichtert auf, als ein externer Anruf von der IHK hereinkommt. Sie unterhält sich lange und freundlich mit dem Anrufer und läßt den Abgabetermin für ein detailliertes Besprechungsprotokoll, an dem sie gerade gelangweilt arbeitet, einfach verstreichen. Sie rechtfertigt dies – jetzt gestreßt – damit, daß sie die Chance wahrnehmen konnte, PR-Kontakte nach außen zu pflegen.

10 Zeitmanagement-Tips für hoch Initiative

- Beenden Sie angefangene Aufgaben, bevor Sie etwas Neues beginnen.
- Nehmen Sie Unterbrechungen nicht zum Anlaß, sich Tagträumereien hinzugeben.
- Fahren Sie nach Unterbrechungen sofort mit der begonnenen Aufgabe fort.
- Arbeiten Sie konsequent daran, pünktlich zu sein.
- Rennen Sie unwichtigen Dingen nicht hinterher, vergeuden Sie Ihre Energie nicht unnötig.
- Listen Sie alle zu erledigenden Aufgaben auf, erstellen Sie eine To-do-Liste mit Prioritäten, und halten Sie sich daran.
- Erstellen Sie einen Tagesplan, und bringen Sie mehr Struktur in Ihren Arbeitstag.
- Benutzen Sie ein Zeitplanbuch – auch als Mittel zur Motivation und Selbstdisziplin.
- Räumen Sie Ihren Schreibtisch auf, und misten Sie auch Ihre Ablagekörbe aus.
- Begrenzen Sie die Zeit für Ihren privaten Schwatz, seien Sie weniger gesellig.

Der „stetige" Zeitmanager

„Beisammen sind wir, fanget an!"
Johann Wolfgang von Goethe

Stetige sehen die Zeit als Freund an, wenn sie nicht unter Druck sind. Zeit wird jedoch als Feind empfunden, wenn sie unter extremem Termindruck arbeiten müssen. Menschen mit hoher Stetigkeit kommen entweder oft zu früh oder zu spät, je nachdem, was sie gerade zu tun haben. Im allgemeinen jedoch sind Stetige pünktlich, wenn sie selber für das Gelingen der Aufgabe verantwortlich sind. Sie tolerieren das Zuspätkommen anderer.

**Zeitmanagement-Verhalten:
beobachtbare Vorlieben von hoch Stetigen
= mögliche Stolpersteine für andere**

- arbeitet zunächst langsam, aber beständig, gründlich und zuverlässig
- arbeitet Papierberge Stück für Stück durch
- haßt Zeit- und Termindruck als negativen Streß
- setzt Prioritäten, weil sie Ordnung und Sicherheit schaffen; schreibt sie auch auf
- braucht Zeit, um Dinge in Ruhe zu durchdenken – wird sonst durcheinandergebracht
- bringt seine fachliche Autorität ein
- neigt dazu, gut organisiert zu sein
- sagt zu häufig „ja" und vermeidet es, „nein" zu sagen, weil es Beziehungen belasten könnte
- vermeidet Aufgaben mit Termindruck zugunsten weniger wichtiger, nicht so dringender Aufgaben
- will Konfrontationen möglichst vermeiden
- unterbricht andere, wenn er sich rückversichern will
- ist bei Sitzungen pünktlich, aber in der Beteiligung zurückhaltend
- mag in Meetings nur ungern Verantwortung übernehmen
- benötigt viel Bestätigung und Feedback, wenn Aufgaben an ihn delegiert wurden, besonders zu Beginn
- wird von zu vielen Aufgaben zur selben Zeit überfordert
- geht eine Sache nach der anderen an

„Wer festhält, was verändert werden muß, der verliert alles."
Norbert Blüm

Episode:
Stefan Stetig ist ein langsamer und methodischer Planer. Bereits im Mai überlegt er genau, was seine Kinder wohl zu Weihnachten brauchen, und hat Mitte September schon die ersten Geschenke besorgt. Er braucht Zeit, um Dinge zu durchdenken, weil er sonst unter Druck kommt, der bei ihm Streß bewirkt. So vermeidet er die von ihm gefürchtete vorweihnachtliche Hektik, indem er alles schon vorher erledigt.

10 Zeitmanagement-Tips für hoch Stetige

- Suchen Sie einmal nach neuen Wegen, um schneller zu gewünschten Ergebnissen zu kommen, statt an bewährten Abläufen festzuhalten.
- Verbessern Sie die Effizienz Ihrer zeitlichen Arbeitsabläufe, beschleunigen Sie Prozesse.
- Halten Sie öfter Rücksprachen mit anderen, um Prioritäten und Aktivitäten abzustimmen.
- Schieben Sie die Lösung zwischenmenschlicher Probleme nicht auf die lange Bank.
- Beginnen Sie Ihren Arbeitstag früher, um Zeitdruck zu vermeiden.
- Denken Sie weniger an den Arbeitsaufwand, sondern mehr an die Ergebnisse.
- Achten Sie auf Endtermine, ohne sich dadurch zu blockieren.
- Lernen Sie, daß geplante Veränderungen Ihr Leben positiv bereichern können.
- Nehmen Sie Dinge einfach selber in die Hand; fangen Sie mit kleinen Sachen an.
- Trauen Sie sich mehr zu. Sprechen Sie lauter. Sagen Sie öfter einmal nein.

Der „gewissenhafte" Zeitmanager

„Besser drei Stunden zu früh als eine Minute zu spät."
William Shakespeare

Gewissenhafte werden immer mehr Zeit als andere brauchen, weil sie die Dinge, die sie tun, richtig tun. Oft haben sie einfach nicht genügend Zeit, um alles zu erledigen, was sie sich vorgenommen haben. Sie sind pünktlich, weil sie sich keine unangenehme Situation durch eigenes Zuspätkommen schaffen wollen. Gewissenhafte erwarten von anderen, daß diese ebenfalls pünktlich sind, und haben für das Zuspätkommen kein Verständnis.

Zeitmanagement-Verhalten:
beobachtbare Vorlieben von hoch Gewissenhaften
= mögliche Stolpersteine für andere

- tendiert dazu, sich in Einzelheiten zu verlieren
- macht ausführliche, detaillierte Pläne für alle möglichen Tätigkeiten; überanalysiert
- verbringt oft zuviel Zeit mit der Planung, statt sich auf die eigentliche Aktion oder Durchführung zu konzentrieren
- denkt Prioritäten gründlich durch, setzt eher zu viele
- sagt nein, wenn eine neue Aufgabe nicht ins vorhandene Konzept paßt
- erarbeitet viele Infos, um eigene Aussagen zu untermauern
- reagiert kritisch und negativ auf Störfaktoren oder Zeitfresser, da diese als Leistungsverhinderer empfunden werden
- hält umständliche Präsentationen und braucht viel zu lange, um auf den Punkt zu kommen
- hat in Konferenzen Schwierigkeiten, zur Entscheidungsfindung zu kommen
- ist bei Meetings immer pünktlich und gut vorbereitet, bringt viele Unterlagen mit
- hält selbst unnütze Vorschriften ein
- sein Schreibtisch ist gut aufgeräumt, alles hat seinen festen Platz
- beschreibt Delegationsaufträge bis ins letzte Detail
- verlangt detaillierte, formale Berichte und stellt oft Rückfragen, um sicherzustellen, daß alles 100 %ig richtig gemacht wird

„Wer jede Entscheidung schwernimmt, kommt zu keiner."
Harold Macmillan

Episode:

Gisela Gewissenhaft tüftelt schon seit Jahren, auch nach Feierabend, an einem umfangreichen Verbesserungsvorschlag zur Bewertung der Kundenbonität und Optimierung des Mahnwesens. Kurz bevor sie endlich ihr 120.000 Mark-Projekt der Geschäftsleitung präsentieren kann, bringt die Firma Gigasoft ein neues Gindows-Programm für 499 Mark auf den Markt, das über 95% aller geforderten Funktionen schneller, besser und einfacher abdeckt. Trotzdem hält Gisela die Genehmigung und Durchführung ihres Projektes für äußerst wichtig...

10 Zeitmanagement-Tips für hoch Gewissenhafte

- Bedenken Sie, daß Ihnen bei zu viel Planung zu wenig Zeit zur Umsetzung verbleibt.
- Konzentrieren Sie sich auf Ergebnisse, nicht auf Perfektion in der Erledigung.
- Machen Sie sich bewußt, daß Sie nicht jedes Risiko vermeiden können.
- Lernen Sie, Entscheidungen zu treffen, auch wenn Ihnen weniger Informationen zur Verfügung stehen, als Ihnen lieb ist.
- Ver(sch)wenden Sie nicht so viel Zeit darauf, Dinge zu analysieren.
- Setzen Sie sich für die Erledigung Ihrer Aufgaben unbedingt ein striktes Zeitlimit.
- Stellen Sie sicher, daß Ihre Ziele realistisch sind; setzen Sie sich nicht zu hohe Standards.
- Erkennen Sie, daß Perfektion auch ihre Grenzen hat: Gut ist besser als perfekt.
- Werden Sie lockerer in Ihren Erwartungen, die Sie an sich und andere stellen; lassen Sie einmal „fünfe gerade sein".
- Machen Sie sich bewußt, daß Menschen wichtiger sind als Vorschriften und Richtlinien.

Zeitmanagement-Tips für Betroffene ...

Wie Sie als *Betroffene/r* mit den einzelnen DISG-Typen effektiver im Hinblick auf Ihr persönliches Zeitmanagement umgehen können:

ZM-Bereiche	D	I	S	G
Ziele und Prioritäten	■ Lassen Sie sich von „D's" Tyrannei der Dringlichkeit nicht unter Druck setzen; zeigen Sie „D", was Sie zurückstellen müßten. ■ Einigen Sie sich mit „D" auf eine realistische To-do-Liste mit Endterminen.	■ Helfen Sie „I" aus der Verzettelung heraus, und stellen Sie mit ihm eine klare Prioritätenliste auf. ■ Formulieren und vereinbaren Sie mit „I" schriftlich Ziele; helfen Sie ihm, eine Struktur zu finden.	■ Gewinnen Sie „S" für Ihre größeren Ziele, indem Sie ihm schrittweise die Entwicklungsmöglichkeiten aufzeigen. ■ Nehmen Sie sich genügend Zeit, um gemeinsame Prioritäten zu erarbeiten.	■ Geben Sie „G" genügend Informationen und Begründungen für Ihre Ziele und Prioritäten. ■ Verständigen Sie sich auf maximal drei Prioritäten, welche als nächste abgearbeitet werden.
Tagesplanung	■ Erwarten Sie von „D" keine detaillierte Tagesplanung, ein oder zwei Tagesprioritäten reichen. ■ Lassen Sie sich von „D" nicht überrollen, und verteidigen Sie gegenüber „D" nachdrücklich Ihre eigene Tagesplanung.	■ Zeigen Sie „I", wie er/sie sich konkrete Tagesziele mit realistischen Zeitschätzungen setzen kann. ■ Motivieren Sie „I", regelmäßig Blöcke für feste Rücksprachen, Posterledigungen, Telefonate, Diktate etc. zu bilden.	■ Überrumpeln Sie „S" nicht mit neuen Aktivitäten und Tagesprioritäten. ■ Haben Sie Verständnis, wenn „S" unvorhergesehene Aktivitäten zunächst zuviel erscheinen; meistens werden sie jedoch noch erledigt.	■ Drängen Sie bei „G" auf rechtzeitige Aufgabenerledigung, fassen Sie regelmäßig nach. ■ Machen Sie „G" anhand des Pareto-Prinzips klar, daß Perfektion selten nötig ist. ■ Vereinbaren Sie klare Tagesziele, z. B. „Mailing heute raus!"
Störfaktoren	■ Sagen Sie deutlich „nein", und bitten Sie „D", An- und Rückfragen en bloc zu besprechen. ■ Legen Sie Wert auf Einhaltung Ihrer (!) „Stillen Stunde", auch wenn es „D" gerade nicht ins Konzept paßt.	■ Führen Sie in Ihrem Team eine gemeinsame „Stille Stunde" ein, in der intern niemand vom anderen gestört wird. ■ Verlagern Sie die soziale Kommunikation mit „I" in die Pausen- oder Freizeiten.	■ Vereinbaren Sie z. B. zwei feste Termine am Tag für Rücksprachen. ■ Räumen Sie auch „S" eine „Stille Stunde" ein, um ungestört Dinge abarbeiten zu können (Sekretariat!). ■ Betrachten Sie ein privates Wort von „S" nicht als Störfaktor.	■ Begründen Sie Ihr Anliegen oder Ihre Anfrage sachlich, wenn Sie „G" einmal stören müssen; bleiben Sie dabei förmlich. ■ Beantworten Sie Anfragen von „G" ausführlich; verzichten Sie auf private Kommunikation.
Meetings	■ Kommen Sie gut vorbereitet zum Gespräch; beschränken Sie sich auf das Wesentliche („fasse dich kurz!"). ■ Vertreten Sie deutlich Ihre Meinung, und scheuen Sie auch die Konfrontation mit „D" nicht.	■ Führen Sie eine „Strafe" für Zuspätkommen ein (z. B. 5 Mark pro Minute). ■ Loben Sie die Beiträge von „I", aber bitten Sie um Verständnis für begrenzte Redezeit und straffe Einhaltung der Tagesordnung.	■ Vermeiden Sie im Team Spannungen, um „S" in seiner Leistungsfähigkeit nicht einzuschränken. ■ Fordern Sie „S" bei Bedarf (TOP's!) zu Stellungnahmen auf. ■ Betrauen Sie „S" mit einer Aufgabe, z. B. Protokoll, Zeitwächter.	■ Da „G" oft stille Zuhörer sind, müssen Sie deren Meinung ausdrücklich abfragen. ■ Bitten Sie „G", nur das Wesentliche zu präsentieren und sich auf Zusammenfassungen, kurze Erläuterungen, Leitsätze etc. zu beschränken.

... auch: ausführliche Zusammenfassung für „S" und „G"

Wie Sie als *Betroffene/r* mit den einzelnen DISG-Typen effektiver im Hinblick auf Ihr persönliches Zeitmanagement umgehen können:

D	I	S	G	ZM-Bereiche
■ Beschränken Sie Vorlagen, Memos etc. für „D" auf eine Seite („One Page Management"). ■ Stellen Sie „D" nur Rezensionen und Zusammenfassungen („Abstracts"), aber keine Bücher zur Verfügung.	■ Fassen Sie regelmäßig und persönlich nach, ob „I" Ihre Anfragen, Memos etc. auch wirklich bearbeitet hat. ■ Empfehlen Sie „I", welche überflüssigen Verteiler, Zeitschriften, Infos, Abos etc. er streichen kann.	■ Bitten Sie „S", Ihnen Informationen bereits markiert und nach Prioritäten vorsortiert zukommen zu lassen. ■ Bringen Sie „S" dazu, Zeitschriften, Umläufe o. ä. nur an oder querzulesen, damit diese rechtzeitig weitergegeben werden.	■ Bestehen Sie darauf, daß Reports und Memos nicht länger als 1 oder 2 Seiten sein dürfen. ■ Senden Sie „G" ruhig alle Infos, die Sie nicht mehr benötigen – bei Bedarf können Sie diese dort wieder abrufen.	**Papierkram**
■ Rufen Sie bei zu vielen Delegationsaufträgen von „D" rechtzeitig „Nein!". ■ Wenn Sie an „D" delegieren, überprüfen Sie, bevor er losmarschiert, ob er das Projekt richtig verstanden hat.	■ Bei wichtigen Delegationsaufträgen von „I" sollten Sie mündlich Vereinbartes auch schriftlich bestätigen. ■ Wenn Sie an „I" delegieren, müssen Sie zusätzliche Kontrollen vereinbaren und durchführen.	■ Teilen Sie „S" bei Delegationsaufträgen mit, daß Ihnen eine grobe Erläuterung der Aufgabe ausreicht. ■ Wenn Sie an „S" delegieren, fragen Sie regelmäßig nach, und helfen Sie bei Bedarf. ■ Vorsicht, daß „S" an Sie nicht rückdelegiert.	■ Bei Delegationsaufträgen von „G" müssen Sie Zusagen und Termine genau einhalten. ■ Wenn Sie an „G" delegieren, übergeben Sie den kompletten Vorgang mit allen Unterlagen; Qualität und Termin müssen genau festgelegt sein.	**Delegation**
■ Machen Sie „D" sofort Druck, und setzen Sie einen kurzfristigen Erledigungstermin. ■ Belohnen Sie „D" für die rechtzeitige Erledigung von Routine- und Standardarbeiten.	■ Zeigen Sie Verständnis für seine Lage, drängen Sie aber „I" persönlich auf Erledigung mit Endtermin. ■ Machen Sie „I" Mut, Unangenehmes sofort anzupacken, und loben Sie ihn schon im voraus.	■ Bieten Sie „S" Hilfe in Entscheidungs- und Konfliktfragen an, damit Aufgaben durchgezogen werden. ■ Schlagen Sie „S" vor, mit der schwierigsten Aufgabe zu beginnen, und vereinbaren Sie einen Erledigungstermin.	■ Informieren Sie „G", daß alle auf ihn warten müssen und Sie den Vorgang umgehend benötigen. ■ Vermitteln Sie „G", daß Sie sein Qualitätsstreben schätzen, aber die Sache zum Termin „X" trotzdem fertig werden muß.	**Aufschieberitis**
■ Für schnelle Reaktionen bieten Sie „D" Alternativen oder einfache Checklisten zum Ankreuzen an. ■ Aktivieren Sie „D", um interne Abläufe und damit das Teamergebnis nachweisbar zu verbessern („Lean").	■ Für schnelle Reaktionen motivieren Sie „I" mit Bildern, Grafiken und Übersichten. ■ Lassen Sie „I" für positive Atmosphäre und neue, auch verrückte Ideen sorgen; gestatten Sie ab und zu einen kleinen Gag.	■ Fordern Sie von „S" keine schnellen Rückantworten, sondern geben Sie ihm Zeit. ■ Betrauen Sie „S" mit der Aufgabe als Informationbroker, der ständig Unterlagen, Berichte etc. bereithält und verteilt.	■ Füttern Sie „G" mit möglichst vielen Informationen, um eine fundierte Stellungnahme zu erhalten. ■ Beauftragen Sie „G", die Zeiteffizienz im Team ständig zu analysieren und Lösungen vorzuschlagen.	**Zeitmanagement im Team**

„Kaufet die Zeit aus.“
Bibel (Eph. 5, 16)

Kurze Zusammenfassung in der „D“- und „I“-Sprache

Nach der – insbesondere für „S“ und „G“ – ausführlichen Tabelle über Zeitmanagement in der Praxis folgt hier die typgerechte Zusammenfassung für „D“ als *Kurztext* bzw. Überschrift und für „I“ als *Bild*, dargestellt am *Beispiel* des Zeitmanagements *eines Schützen* (Anlegen, Zielen ...).

Hinweis für „S“ und „G“: Die Phase „Anlegen“ können Sie auch durch „Planen“ oder „Vorbereiten“ ersetzen...

Persönlichkeit und Mitarbeiterführung

„Was mich anbetrifft, so zahle ich für die Fähigkeit, Menschen richtig zu behandeln, mehr als für irgendeine andere auf der ganzen Welt."
John Davison Rockefeller

Die besten Leistungen werden von Menschen erbracht, die mit sich selbst und anderen *effektiv* umgehen. Leider gibt es – anders als beim Computer – keine „Gebrauchsanweisung" für den Menschen. Wenn es sie gäbe, müßte sie jedoch für jeden Menschen anders aussehen. Was bei einem Mitarbeiter zu effektiven Leistungen führt, kann beim anderen genau das Gegenteil bewirken. Sie werden erkennen, wie Sie Ihre persönlichen Führungsfähigkeiten *flexibel* einsetzen und verbessern können.

Unser Konzept beruht auf der einhelligen Erfahrung, daß unterschiedliche Mitarbeiter auch unterschiedliches *Führungsverhalten* (Führungstechniken und Führungsstile) benötigen. Um auf Ihre Mitarbeiter richtig einzugehen, müssen Sie ihnen jeweils so begegnen, wie es deren Persönlichkeitstyp bzw. Verhaltensstil am besten entspricht. Sie werden z. B. einen „Initiativen" ganz anders motivieren als einen „Gewissenhaften" oder mit einem „Dominanten" anders kommunizieren als mit einem „Stetigen".

Deshalb können Sie Ihre Information oder Einschätzung über den Verhaltensstil des anderen nutzen, um Ihr Führungsverhalten an

- die Erfordernisse der *Situation* und
- die Bedürfnisse der *Person* anzupassen.

Der „dominante" Mitarbeiter

„Gebt mir einen Platz, wo ich stehen kann, und ich werde die Erde bewegen."
Enoch Powell

Der *Dominante* als Mitarbeiter neigt dazu, energisch, direkt und konkurrierend zu sein. Im allgemeinen ist er mehr ein Individualist mit großer Ich-Stärke. Er gibt sich den Anschein, voller Selbstvertrauen zu sein und aktiv nach Möglichkeiten zu suchen, seine Leistungsfähigkeit auf die Probe zu stellen und weiterzuentwickeln. Er mag schwierige Arbeiten, Konkurrenzsituationen, einzigartige Aufträge und „wichtige" Positionen. Er nimmt gerne neue Aktivitäten in Angriff und ist zuversichtlich.

Verhalten im Betrieb

Stärken	Ziele	Ängste
☐ liebt hohes Tempo, neue Aktivitäten, Veränderungen und Abwechslung ☐ handelt schnell, gibt anderen ein Gefühl für Dringlichkeit ☐ kann energisch handeln, um Ergebnisse zu erzielen ☐ geht direkt und aktiv an Probleme heran	☐ möchte Ergebnisse erzielen ☐ liebt den Ansatz „Tue es, und tue es jetzt" ☐ möchte bestimmen ☐ liebt Herausforderungen und Wettbewerb ☐ leitet gern Veränderungen ein, ist risikofreudig ☐ wünscht vielfältige Aufgaben, Aktivitäten	☐ von anderen ausgenutzt zu werden ☐ Kontrolle über die Umgebung zu verlieren ☐ Langeweile, Stillstand ☐ an Routine gebunden zu sein ☐ möchte nicht als schwach oder weich gelten

Motivationsstruktur

Wie ist „D" motiviert?	Wodurch wird „D" frustriert?
☐ Kontrolle über die eigene Arbeitssituation ☐ Möglichkeit, die Aktivitäten anderer zu lenken ☐ neue Chancen und Herausforderungen ☐ für Ergebnisse, nicht für Methoden der Zielerreichung verantwortlich zu sein ☐ Gelegenheiten zum beruflichen Aufstieg ☐ Belohnung für das Erreichen von Zielen	☐ seine Autorität wird übergangen ☐ seine Verantwortung für Ergebnisse, Menschen oder Situationen wird eingeschränkt ☐ seine Kontrolle über Arbeitsressourcen wird eingeschränkt ☐ Routinearbeiten ohne Abwechslung durchführen; wird stark überwacht ☐ „D" muß oft über Aktivitäten, aber nicht über Ergebnisse berichten ☐ keine Gelegenheit zum beruflichen Aufstieg ☐ starke Überwachung, Kontrolle

Der „initiative" Mitarbeiter

„Wandel und Wechsel liebt, wer lebt."
Richard Wagner

Der *Initiative* als Mitarbeiter mag die Geselligkeit, ist unterhaltsam und sehr emotional. Er übernimmt spontan neue Aufgaben und tendiert dazu, eine informelle, ungezwungene Atmosphäre um sich herum aufzubauen. Er ist wahrscheinlich beliebt, manchmal leutselig und kann in seinem Arbeitsumfeld schnell und einfach neue Freunde gewinnen. Er übernimmt Tips sehr schnell – ohne Rücksicht auf Rang und Position – und bringt Anerkennung oft ohne Worte zum Ausdruck.

Verhalten im Betrieb

Stärken	Ziele	Ängste
liebt Kontakte mit vielen Menschen	möchte Kontakt mit Menschen haben	Verlust der Anerkennung
drückt Gedanken, Gefühle gern aus	möchte beim Erreichen von Zielen auch Spaß haben	Schuldzuweisungen durch andere, wenn etwas schiefgeht
drückt sich begeistert oder dramatisch aus	hilft Menschen gern, Dinge zu besprechen	daß andere über ihn/sie ärgerlich werden
geht schnell auf neue Ideen und Veränderungen ein	möchte von der Verantwortung für Detailarbeit frei sein	Ablehnung, nicht gemocht werden
will Kontakte auch in schwierigen Situationen positiv gestalten	sucht Anerkennung für alles, was er tut	öffentliche Erniedrigung

Motivationsstruktur

Wie ist „I" motiviert?	Wodurch wird „I" frustriert?
Gelegenheit für positive Beziehungen mit anderen	in einer Umgebung zu arbeiten, wo die Kollegen zurückhaltend oder unfreundlich sind
Möglichkeiten, eigene Gedanken und Gefühle auszudrücken	feste Termine und enge Zeitpläne
Situationen, in denen gegenseitiger Gedankenaustausch erwünscht ist	in einem pessimistischen, unfreundlichen Umfeld zu arbeiten
deutlich geäußerte Anerkennung („Großartig!", „Toll!", „Spitze!")	sich auf Sachfragen zu konzentrieren und Gefühle auszuklammern
Sofortige, mündliche Rückmeldungen	Routinearbeiten mit Detailgenauigkeit durchzuführen
Anerkennung der eigenen Gefühle	Gedanken nicht aussprechen können

Der „stetige" Mitarbeiter

„Keiner weiß so viel wie wir alle zusammen."
Inschrift auf einer dänischen Rathaustür

Der *Stetige* als Mitarbeiter neigt dazu, zurückhaltend und gelassen zu sein. Er vertritt bei vielen Fragen eine gemäßigte Position. In der Regel denkt er Situationen durch, bevor er handelt. Obwohl er versucht, neue Ansätze auszuprobieren, zieht er es dennoch vor, Abläufe einzuhalten, die früher funktioniert haben. Er wird ungewisse, nicht erprobte Methoden vermeiden. Um gewünschte Ergebnisse zu erreichen, kann er sehr gut mit anderen zusammenarbeiten. Er hat enge Beziehungen mit einer relativ kleinen Gruppe von Kollegen.

Verhalten im Betrieb

Stärken	Ziele	Ängste
nimmt die Ideen anderer an	ist gern in Kontakt mit anderen	Unklare Situationen, keine Orientierung
arbeitet gern mit anderen zusammen	möchte, daß alle ihren Teil beitragen	Verwirrung und Instabilität, zu schnelle Veränderungen
ist bereit, sich gerne für andere einzubringen	möchte, daß alles reibungslos abläuft	mangelnde Klarheit über Erwartungen
bemüht sich, eine stabile Umgebung zu schaffen	möchte Stabilität und Sicherheit	Konfliktsituationen entschlossen anpacken zu müssen
beruhigt aufgeregte Leute	möchte eine konfliktfreie Umgebung	Verlust an Sicherheit und Stabilität

Motivationsstruktur

Wie ist „S" motiviert?	Wodurch wird „S" frustriert?
Möglichkeit, konstruktiv mit anderen zusammenzuarbeiten	eine Arbeitsumgebung mit schnellen, unberechenbaren Veränderungen
Möglichkeit, andere mit Produkten, Dienstleistungen zu unterstützen	ständig mit Ablehnung oder Konflikten konfrontiert zu werden
klar definierte Verantwortungs- und Autoritätsbereiche	keine Unterstützung durch Vorgesetzte bzw. Kollegen zu erfahren
eine berechenbare, geordnete Umgebung	direkte persönliche Konfliktsituationen innerhalb seiner Arbeit
eine harmonische, freundliche und lockere Arbeitsatmosphäre	die Erwartungen an die eigene Leistung sind unklar oder wechseln
eine Umgebung, in der Loyalität mit einem sicheren Arbeitsplatz belohnt wird	häufige aggressive, wetteifernde Situationen sind ein Teil der Aufgabe

Der „gewissenhafte" Mitarbeiter

„Doppelt genäht hält besser."
Sprichwort

Gewissenhafte Mitarbeiter neigen dazu, präzise und systematisch zu denken und nach festgelegten Richtlinien zu arbeiten. Sie werden mit großer Sorgfalt Arbeiten ausführen, die Detailtreue und Genauigkeit erfordern. Sie sind im allgemeinen zurückhaltend und vorsichtig in allem, was sie tun. Sie neigen dazu, besonnen und methodisch zu sein und ihre Arbeiten korrekt und kompetent zu erledigen: „Entweder mach ich's richtig oder gar nicht." Eventuell mahnen „G"-Typen andere, die gleichen Maßstäbe für ihre Arbeit anzusetzen.

Verhalten im Betrieb

Stärken	Ziele	Ängste
analysiert Situationen, wägt das Für und Wider ab	möchte spezifische Leistungsmaßstäbe	ungerechtfertigte persönliche Kritik
schätzt Genauigkeit, Qualität, Korrektheit	liebt Genauigkeit und Ordnung	Kritik an der eigenen Leistung
geht systematisch an Aktivitäten heran	hohe Maßstäbe setzen und einhalten	Veränderungen, welche die eigene Leistung gefährden
verhält sich taktvoll und diplomatisch	will Gelegenheiten zur Analyse und Bewertung	spontane Gefühlsäußerungen
benutzt ausgeklügelte Methoden, um Konflikte zu lösen	mag logisches, systematisches Vorgehen bei der Arbeit	über das Privatleben reden zu müssen
		zu geringe Qualität

Motivationsstruktur

Wie ist „G" motiviert?	Wodurch wird „G" frustriert?
Möglichkeit, die eigenen Qualitätsmaßstäbe einzuhalten	Regeln oder Erwartungen wechseln ständig und ohne Begründung
Kontrolle über die Qualität der eigenen Leistung	zu wenig Zeit, um Informationen zu verarbeiten, bevor eine Entscheidung getroffen werden muß
Belohnungen für Qualität und Genauigkeit	geselliger Kontakt mit anderen wird als Teil der Arbeit angesehen
„recht" behalten können	andere stören die Privatsphäre
logische, systematische Vorgehensweisen	„G" kann wiederholt nicht die Leistungen bringen, die seine/ihre Qualitätsansprüche verlangen
Projekte, bei denen er sein Spezialwissen zeigen kann	zu wenig Zeit oder Arbeitsmittel, um die Qualität sicherzustellen

Führungstechniken und Persönlichkeit

Gehen Sie in *drei Schritten* vor, um Führungstechniken richtig anzuwenden:

Erstens:
Erkennen Sie den *Verhaltensstil* Ihrer Mitarbeiter. siehe Seiten 50-53

Entwickeln Sie Ihre Anpassungsfähigkeit, vgl. S. 116 ff.

Auf den vorherigen Seiten finden Sie Beschreibungen über *beobachtbares Verhalten* bei „dominanten", „initiativen", „stetigen" und „gewissenhaften" Mitarbeitern. Gehen Sie auf den anderen so ein, wie es seinem Typ bzw. Verhaltensstil entspricht, und praktizieren Sie das richtige *Führungsverhalten*. Dazu gehören – je nach Situation und Person –

- sowohl die Anwendung der passenden Führungs-*Techniken* (S. 56-57)
- als auch der Einsatz des richtigen Führungs-*Stils* (siehe „Situatives Führen", Seiten 58-66).

Beide müssen jeweils an den Verhaltensstil des Mitarbeiters angepaßt werden.

- **Fördern, Entwickeln**
- **Motivieren**
- **Coachen**
- **Probleme lösen**
- **Delegieren**
- **Korrigieren**
- **Entscheiden**
- **Kommunizieren**

Zweitens:
Wählen Sie geeignete *Führungstechniken* aus. siehe Seiten 56-57

Leistung erfüllen („Pflicht")

„Was" ist zu tun?

Ihre Aufgabe als Führungskraft besteht zunächst darin, auf andere einzuwirken („Managing Others") und eine leistungsfördernde Umgebung zu schaffen („Pflicht"programm). Wählen Sie die entsprechende *Führungstechnik* aus, die Sie für die effektive halten: *Fördern, Entwickeln, Motivieren, Coachen, Probleme lösen, Delegieren, Korrigieren, Entscheiden, Kommunizieren.*

Gehen Sie dabei auf die Engpässe der *Situation* richtig ein, und verbessern Sie die Arbeitsbeziehung zu dieser *Person*. Dann können Sie mit Ihren Mitarbeitern auch leichter über deren Leistung sprechen und sie coachen, für ihre Ergebnisse selbst verantwortlich zu sein. Fragen Sie also: „*Was*" ist zu tun?

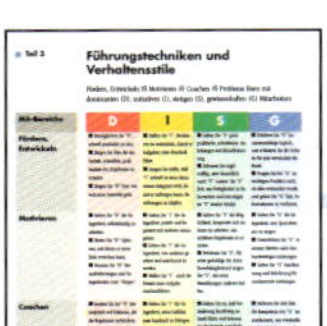

Drittens:
Passen Sie die Führungstechnik an den *Verhaltensstil* Ihrer Mitarbeiter an.
siehe Seiten 56-57

„Wie" tue ich es?

Setzen Sie die notwendigen Führungstechniken so ein, daß sie dem *Verhaltensstil* und damit den Bedürfnissen des „dominanten", „initiativen", „stetigen", „gewissenhaften" *Mitarbeiters* gerecht werden: „*Wie*" tue ich es? „*Wie*" braucht er/sie es?

Das 1x1-Führungsmodell

„Ungleiche Wesen gleich zu behandeln ist nicht Gerechtigkeit, sondern Gleichmacherei.“
Kenneth Blanchard

Schematische Darstellung: Mitarbeiterführung mit DISG

Führungstechniken und Persönlichkeit

1. Mitarbeiterverhalten erkennen
Dominant – Initiativ – Stetig – Gewissenhaft

Was ist zu tun?

- Fördern, Entwickeln
- Motivieren
- Coachen
- Probleme lösen
- Delegieren
- Korrigieren
- Entscheiden
- Kommunizieren

2. Führungstechniken*) einsetzen
„Managing Others“ (Pflicht)
Fördern, Entwickeln, Motivieren etc.

Wie tue ich es? Wie braucht er/sie es?

3. Führungstechniken an das Mitarbeiterverhalten anpassen („Meet the Needs“)
Dominant – Initiativ – Stetig – Gewissenhaft

Führungsstile („Situativ Führen II“) und Persönlichkeit

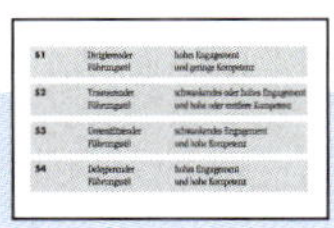

1. Entwicklungsstand des Mitarbeiters bestimmen
Engagement / Kompetenz

Was ist zu tun? Welcher Stil ist richtig?

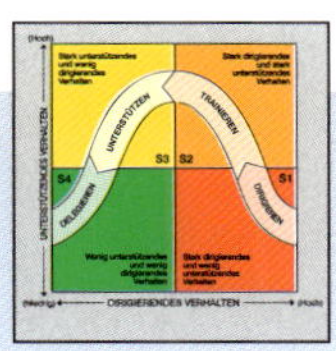

2. Vier Führungsstile*) situativ richtig einsetzen
„Managing Performance“ (Kür)
S1: Dirigieren S3: Unterstützen
S2: Trainieren S4: Delegieren

Wie tue ich es? Wie braucht er/sie es?

3. Führungsstile an das Mitarbeiterverhalten anpassen („Meet the Needs“)
Dominant – Initiativ – Stetig – Gewissenhaft

*) Führungsverhalten umfaßt individuelle Führungstechniken und situative Führungsstile.

Führungstechniken und Verhaltensstile

Fördern, Entwickeln ■ Motivieren ■ Coachen ■ Probleme lösen mit dominanten (D), initiativen (I), stetigen (S), gewissenhaften (G) Mitarbeitern

MA-Bereiche	D	I	S	G
Fördern, Entwickeln	■ Ermöglichen Sie „D", schnell produktiv zu sein. ■ Zeigen Sie ihm die einfachste, schnellste, praktischste Art, Ergebnisse zu erzielen. ■ Zeigen Sie „D" klar, wie weit seine Autorität geht.	■ Helfen Sie „I", Strukturen zu entwickeln, damit er Aufgaben zum Abschluß führt. ■ Sorgen Sie dafür, daß „I" schnell in neue Situationen integriert wird, damit er anfangen kann, Beziehungen zu knüpfen.	■ Geben Sie „S" ganz praktische, schrittweise Anleitungen mit Einzelbetreuung. ■ Schauen Sie regelmäßig, aber freundlich nach „S". Lassen Sie „S" Zeit, um Fertigkeiten zu beherrschen, und ermutigen Sie „S" immer wieder.	■ Erklären Sie „G" Zusammenhänge logisch, und erläutern Sie die Gründe für jede verwendete Methode. ■ Fragen Sie bei „G" an wichtigen Punkten nach, ob alles verstanden wurde, und geben Sie „G" Zeit, Informationen zu verdauen.
Motivieren	■ Lassen Sie „D" selbständig arbeiten. ■ Bieten Sie „D" Optionen, mit denen er seine Ziele erreichen kann. ■ Bieten Sie „D" Herausforderungen und Gelegenheiten zum „Siegen".	■ Lassen Sie „I" mit anderen positiv und begeistert umgehen. ■ Gönnen Sie „I" , von anderen gesehen und anerkannt zu werden. ■ Helfen Sie „I", auch die Details einer Aufgabe durchzuführen.	■ Lassen Sie „S" mit anderen kooperativ arbeiten, um sichtbare Ergebnisse zu erzielen. ■ Belohnen Sie „S", für seine geduldige Art, seine Zuverlässigkeit, und zeigen Sie „S", wie seine Bemühungen anderen helfen.	■ Lassen Sie „G" sein Spezialwissen zeigen. ■ Unterstützen Sie „G" in seinem Streben nach hochwertigen Leistungen. ■ Geben Sie „G" Anerkennung und Belohnung für ausdauernde Leistungen.
Coachen	■ Lenken Sie bei „D" das Gespräch auf Faktoren, die die Ergebnisse verhindern, und darauf, wie sie überwunden werden. ■ Formulieren Sie nötige Veränderungen so, daß der Schwerpunkt auf Ergebnissen und Folgen liegt.	■ Geben Sie „I" die Gelegenheit, seine Gefühle zum Ausdruck zu bringen. ■ Verwenden Sie offene Fragen (was? wo? wann? wie?), um „I" anzuregen, spezifische Lösungen zu finden und auch umzusetzen.	■ Geben Sie zu, daß Veränderung kurzfristig zu Streß führt, und betonen Sie die Vorteile und Stabilität, die dadurch entstehen. ■ Entwickeln Sie mit „S"einen schrittweisen Plan, um Veränderungen in einer bestimmten Zeit durchzuführen.	■ Nehmen Sie sich Zeit, die Kompetenz von „G" anzuerkennen, um eventuelle Empfindlichkeit gegenüber Kritik zu verringern. Nennen Sie spezifisch erforderliche Änderungen, erklären Sie die Notwendigkeit, und fragen Sie nach seiner Meinung.
Probleme lösen	■ Geben Sie „D" eine Anleitung zum Umgang mit komplexen Problemen. Machen Sie „D" deutlich, daß nicht alles vereinfacht werden kann und nicht überall schnelle Ergebnisse möglich sind.	■ Rechnen Sie damit, daß „I" komplexe Detailprobleme zu vermeiden sucht, obwohl sorgfältige Nacharbeit nötig wäre. ■ Helfen Sie „I", Problemlösungen logisch anzugehen und nicht nur emotional zu reagieren.	■ „S" könnte von Ihnen Hilfe benötigen, um innovative Lösungen für neuartige Probleme zu entwickeln und einzusetzen. ■ Lassen Sie „S" Zeit, ein Problem zu untersuchen, bevor er eine Lösung ins Auge faßt.	■ Zeigen Sie „G" alternative Problemlösungsverfahren, die eine schnellere Lösung ermöglichen. ■ Bieten Sie „G" Hilfestellung, wenn es darum geht, eine funktionierende Lösung – und nicht eine perfekte – zu finden.

Führungstechniken und Verhaltensstile

Delegieren ■ Korrigieren ■ Entscheiden ■ Kommunizieren mit dominanten (D), initiativen (I), stetigen (S), gewissenhaften (G) Mitarbeitern

D	I	S	G	MA-Bereiche
■ Sagen Sie „D", welche Ergebnisse Sie bis wann brauchen, und überlassen Sie es ihm, wie er sie erreicht. ■ Geben Sie „D" eine schrittweise Erklärung, was zu tun ist, und halten Sie soviel wie möglich schriftlich fest.	■ Vergewissern Sie sich, daß „I" Ihre spezifische Leistungserwartung und den zeitlichen Rahmen versteht und akzeptiert. ■ Legen Sie Termine für Zwischenergebnisse fest; vereinbaren Sie deutlich, was bis wann zu erledigen ist.	■ Geben Sie „S" eine schrittweise Erklärung, was zu tun ist, und halten Sie soviel wie möglich schriftlich fest. ■ Bieten Sie „S" Unterstützung an, die er im Bedarfsfall in Anspruch nehmen kann.	■ Geben Sie „G" logische, zutreffende und präzise Leistungsbeschreibungen der erwarteten Qualitätsmaßstäbe. ■ Erklären Sie „G", warum die Aufgaben getan werden sollen und er für das ganze Projekt notwendig ist.	**Delegieren**
■ Bleiben Sie gegenüber „D" konsequent und direkt, und beschreiben Sie das gewünschte Ergebnis und das aktuelle Problem. ■ Lenken Sie bei „D" das Gespräch darauf, mit welchen Schritten er seine Leistung verbessern kann.	■ Überwinden Sie bei „I" alle Versuche, dem Problem auszuweichen. Sprechen Sie das Problem und die Konsequenzen spezifisch und klar an. Betonen Sie die positiven Folgen einer verbesserten Leistung und den guten Eindruck auf andere.	■ Fordern Sie nicht nur die notwendigen Verbesserungen, sondern achten Sie darauf, daß „S" Anerkennung – z.B. auch für kleine Verbesserungen – für die Bereiche erhält, in denen er gute Leistungen erbringt.	■ Rechnen Sie bei „G" mit Selbstrechtfertigung, wenn seine Leistung kritisiert wird. ■ Bleiben Sie konsequent – bei konkreter, sachlicher Diskussion -, welche Ergebnisse vorliegen und welche Leistung notwendig ist.	**Korrigieren**
■ Bitten Sie „D", sich ausreichend Zeit für Entscheidungen zu nehmen, genügend Informationen zu sammeln und mögliche Folgen zu bedenken. ■ Zeigen Sie „D", daß er mit durchdachten Entscheidungen bessere Ergebnisse erzielt.	■ Machen Sie „I" klar, daß Unentschlossenheit andere frustriert und einen schlechten Eindruck macht. ■ Bewegen Sie „I", impulsive, gefühlsbetonte Entscheidungen zu vermeiden und mehr auf Logik und Tatsachen zu achten.	■ Unterstützen Sie die methodische, logische Vorgehensweise von „S"; zeigen Sie ihm, welche Entscheidungen weniger riskant sind. ■ Erklären Sie „S", wie Entscheidungen die Atmosphäre und Stabilität verbessern.	■ „G" wird Zeit haben wollen, um Informationen für eine Entscheidung zu sammeln. Setzen Sie hierfür einen Endtermin. ■ „G" wird Entscheidungen analytisch angehen und Risiken und mögliche Gewinne gegeneinander abwägen.	**Entscheiden**
■ Zielen Sie auf direkte, zielbewußte Kommunikation ohne viel Zeit für Geschwätz. ■ Nennen Sie Bereiche, wo Sie mit „D" übereinstimmen, bevor Sie Bereiche mit weniger Übereinstimmung ansprechen.	■ Geben Sie „I" Gelegenheit, Ihnen seine Erfahrungen, Anekdoten und Ideen begeistert mitzuteilen. ■ Ermutigen Sie „I", näher am Thema zu bleiben, um das Gespräch in einer akzeptablen Zeit abschließen zu können.	■ Ermöglichen Sie „S" regelmäßig die Gelegenheit zu informellen, zwanglosen Diskussionen. ■ Rechnen Sie damit, daß „S" nicht spontan über seine Anliegen, Sorgen und Konflikte redet; geben Sie ihm Zeit, Fragen zu stellen.	■ Teilen Sie „G" den Zweck eines Gesprächs gleich mit. Gehen Sie das Gespräch logisch und systematisch an. ■ „G" wird es vorziehen, wenn Kommunikation formell und in geschäftlicher Form geschieht – ohne persönliche Anspielungen.	**Kommunizieren**

geringes Engagement und geringe Kompetenz „ich kann nicht, und ich will nicht“ Situation 1
hohes Engagement und geringe Kompetenz „ich möchte, aber ich kann nicht“ Situation 3
geringes Engagement und hohe Kompetenz „ich kann, aber ich will nicht“ Situation 7
hohes Engagement und hohe Kompetenz „ich kann, und ich will“ Situation 9

Situatives Führen: Führungsstile und Persönlichkeit

Erstens: Bestimmen Sie den *Entwicklungsstand* Ihrer Mitarbeiter.
siehe Seiten 58-59

Führungsstil
=
Grad des Engagements
+
Grad der Kompetenz

Schätzen Sie, wie hoch das Engagement und die Kompetenz jedes Mitarbeiters ist. Die *Leistung* seiner Mitarbeiter zu managen ist die eigentliche Aufgabe einer Führungskraft („Kür“programm). Das Leistungsniveau hängt maßgeblich von *zwei Faktoren* ab. Menschen bringen zum einen unterschiedliches Engagement und zum anderen unterschiedliche Kompetenzen für bestimmte Aufgaben und Aktivitäten mit:

- *Engagement* oder Bereitschaft bezieht sich auf die Motivation, die eine Person für eine bestimmte Aufgabe in einer bestimmten *Situation* zeigt. „Initiative“ und „stetige“ Mitarbeiter zeigen dieses Engagement offener, d. h., sie tendieren dazu, ihre Umgebung als günstig oder unterstützend zu empfinden.

- *Kompetenz* oder fachliche Kenntnisse und Fähigkeiten beziehen sich darauf, mit welchem Geschick und welcher Erfahrung der Mitarbeiter die betreffende Aufgabe ausführen kann. Die persönliche Kompetenz wird weniger durch situative Faktoren beeinflußt als die Motivation.

Bei der Kombination von Engagement und Kompetenz ergeben sich zunächst vier Ausgangssituationen, die den *Entwicklungsstand* des Mitarbeiters wiedergeben:

geringes Engagement und geringe Kompetenz	„ich kann nicht, und ich will nicht“	**Situation 1**
hohes Engagement und geringe Kompetenz	„ich möchte, aber ich kann nicht“	**Situation 3**
geringes Engagement und hohe Kompetenz	„ich kann, aber ich will nicht“	**Situation 7**
hohes Engagement und hohe Kompetenz	„ich kann, und ich will“	**Situation 9**

Effektive Führungsstile sind also von den verschiedenen Kombinationen des Engagements und der Kompetenz (= *Entwicklungsstand*) abhängig.

Bevor Sie sich für einen Führungsstil entscheiden, um die Leistung zu beeinflussen, müssen Sie zuerst den *Entwicklungsstand*, d. h. das Engagement und die Kompetenz des Mitarbeiters, bewerten. Die betriebliche Praxis hat jedoch gezeigt, daß vorhandene und potentielle *Kompetenzen* und insbesondere das innere und äußere *Engagement* eine größere Bandbreite als nur niedrig oder hoch aufweisen. Deshalb haben wir zusätzlich noch eine mittlere Ausprägung in Betracht gezogen. Somit ergeben sich insgesamt drei x drei = neun Kombinationsmöglichkeiten von Entwicklungsständen (Situationen 1, 2, ..., 9):

„Potentiell sind alle Menschen Spitzenkönner – man muß nur herausfinden, wo sie gerade stehen, und ihnen von dort aus weiterhelfen."
Kenneth Blanchard

Mitarbeiter-Entwicklungsstand und Führungsstil

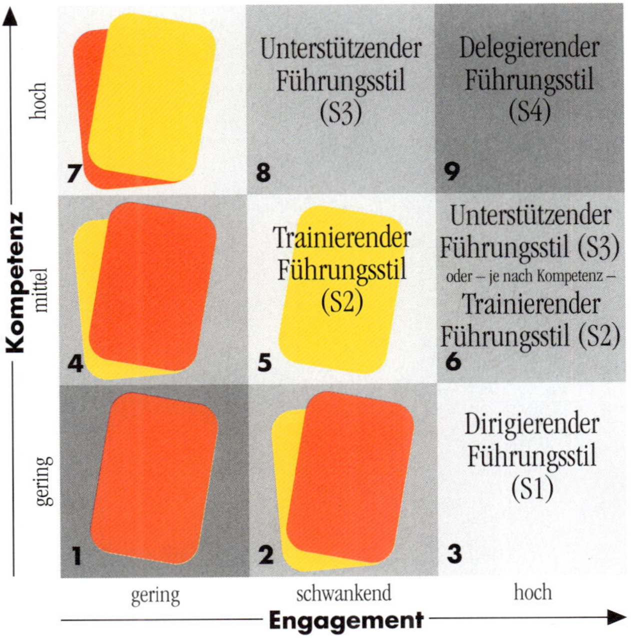

■ (Situationen 1, 2, 4, 5, 7): Wir gehen beim *„Situativen Führen"* von einem positiven Menschenbild aus und sind überzeugt, daß potentiell in jedem Mitarbeiter ein Könner steckt. Trotzdem wird deutlich, daß bei *niedriger Motivation* oder mangelndem Engagement eines Mitarbeiters – je nach unterschiedlicher Fähigkeit – die rote (1), rot-gelbe (2 und 4) oder gelbe Karte (5 und 7) gezückt werden muß.

Die Führungskraft kann hier nur wenig unternehmen bzw. müßte zuviel Energie aufwenden. So bleibt nur, die Konsequenzen aus der mangelnden *Leistung* zu ziehen. Dies können z. B. Kündigung bzw. Versetzung (Situation 1), Abmahnung (Situationen 2, 4), oder Kritikgespräch (Situationen 5*), 7) sein. Alles andere wäre wirtschaftlich nicht vertretbar und gegenüber anderen Mitarbeitern sozial unverträglich.

*) trifft nur zu, wenn der Mitarbeiter über einen längeren Zeitraum in Situation 5 verbleibt.

Führungsstile: S1 und S3

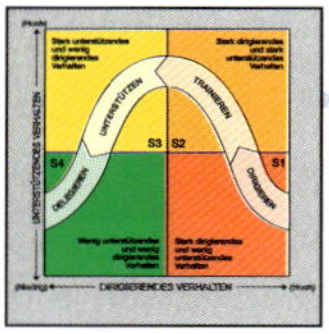

Zweitens:
Setzen Sie *situativ* den richtigen Führungsstil ein. siehe Seiten 60-63

Leistung steigern („Kür")

Um die Leistung Ihrer Mitarbeiter zu steigern („Managing Performance"), wählen Sie je nach Situation den richtigen Führungsstil. Das situative Führen ist eine Kombination aus anweisendem (dirigierendem) sowie unterstützendem Verhalten und entspricht dem diagnostizierten *Entwicklungsstand,* d. h. dem Engagement und der Kompetenz Ihres Mitarbeiters (vgl. S. 58):

Führungsstil = Grad des Engagements + Grad der Kompetenz

S1	Dirigierender Führungsstil	hohes Engagement und geringe Kompetenz
S2	Trainierender Führungsstil	schwankendes oder hohes Engagement und hohe oder mittlere Kompetenz
S3	Unterstützender Führungsstil	schwankendes Engagement und hohe Kompetenz
S4	Delegierender Führungsstil	hohes Engagement und hohe Kompetenz

Führungsstil S1: Dirigieren

■ (Situation 3): Wenn jemand ein *hohes Engagement* zeigt, aber *geringe Fähigkeiten* aufweist, braucht diese Person Hilfe, um die notwendigen Fähigkeiten zu entwickeln. Meistens ist der *Dirigierende Führungsstil (S1)* hier am effektivsten. Die Führungskraft gibt regelmäßig sehr detaillierte, schrittweise Anweisungen sowie Methoden vor und überwacht laufend die Leistung des Mitarbeiters, bis dieser mehr Fähigkeiten und Kompetenzen bei der Aufgabenerfüllung entwickelt hat. Der S1-Stil kommt dem Verhaltensstil eines hoch *Dominanten* und hoch *Gewissenhaften* am nächsten.

Führungsstil S3: Unterstützen

■ (Situation 8): Wenn jemand sehr *fähig* ist, aber eine *schwankende Einsatzbereitschaft* zeigt, braucht er Hilfe, um das notwendige Engagement zu entwickeln. Hier wirkt meist der *Unterstützende Führungsstil (S3)* am effektivsten. Dieser zielt auf eine kooperative Zusammenarbeit und Zielvereinbarung: Führungskraft und Mitarbeiter entscheiden gemeinsam. Der Manager kann zuhören und den Entwicklungsprozeß fördern. Genaue Anweisungen sind nicht notwendig, allerdings muß das Engagement gestärkt werden. „S3" kommt den Verhaltensstilen der hoch *Initiativen* und *Stetigen* am nächsten.

Situatives Führen nach Blanchard

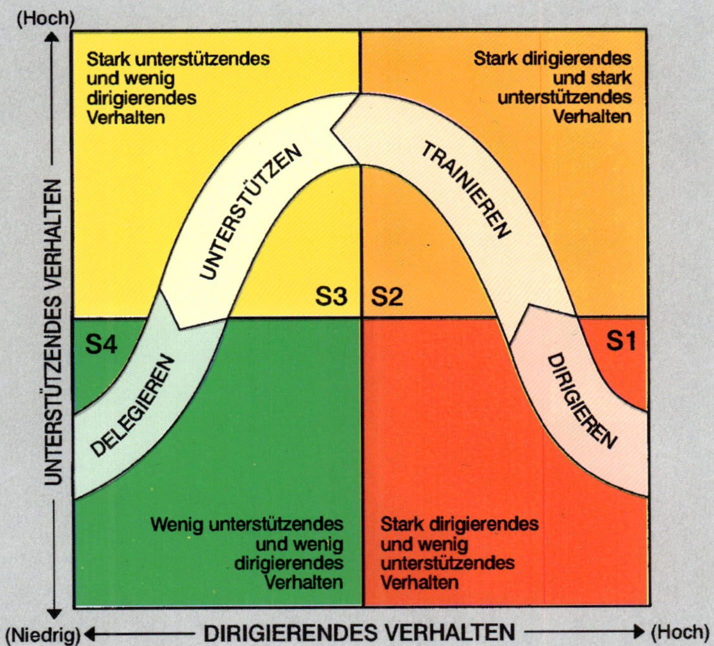

Die vier Entwicklungsstufen der Mitarbeiter

(Hoch) ← ENTWICKLUNG → (Niedrig)

E4	E3	E2	E1
Hohe Kompetenz • Hohes Engagement	Hohe Kompetenz • Schwankendes Engagement	Einige Kompetenz • Wenig Engagement	Wenig Kompetenz • Hohes Engagement

Entwickelt ← → Entwicklungsfähig

Quelle: Der *situative Führungsansatz* („Situational Leadership“) geht auf die Amerikaner Paul Hersey und Kenneth Blanchard zurück („Management of Organizational Behaviour“, vgl. Literaturverzeichnis) und wurde von Ken Blanchard zum „Situativ führen II“ weiterentwickelt („Der 01-Minuten-Manager. Führungsstile“, vgl. Literaturverzeichnis). Nähere Informationen erhalten Sie bei:
Voss + Partner,
25462 Rellingen b. Hamburg
(Tel. 0 41 01 – 3 84 40, Fax. – 3 16 36)

„Situatives Führen bedeutet nicht, etwas für die Mitarbeiter zu tun, sondern etwas mit den Mitarbeitern zu tun.“
Kenneth Blanchard

Ziel des „Situativ führen II“ ist, den Mitarbeiter bei jeder Aufgabe durch die einzelnen Entwicklungsphasen zu begleiten und ihn zum Spitzenkönner (E4) zu entwickeln.

Führungsstile: S2 und S4

„Jedem Mitarbeiter den Führungsstil, den er zur Zeit braucht.“
Kenneth Blanchard

Führungsstil S2: Trainieren

(Situationen 5, 6): Die meisten Menschen *setzen* sich für ihre Arbeitsaufgabe grundsätzlich *ein*, sind manchmal jedoch schwankend, verfügen aber über grundlegende *Kompetenzen*. Deshalb brauchen sie eine Kombination des „Unterstützenden“ und des „Dirigierenden“ Führungsstils = *Trainierender Stil (S2)*. Der Mitarbeiter möchte die Leistung bringen, braucht aber immer noch Erklärungen oder Anweisungen, um seine Fähigkeiten weiterzuentwickeln. Dirigierendes Verhalten (S1) ist nicht mehr angebracht. Spezifische Anleitungen sollten nur dort gegeben werden, wo diese Person die entsprechenden Fähigkeiten noch nicht entwickelt hat. Der S2-Stil kommt dem Verhaltensstil eines hoch *Initiativen* und gleichzeitig hoch *Dominanten* am nächsten.

Führungsstil S4: Delegieren

(Situation 9): Menschen, die sowohl *engagiert* als auch *kompetent* sind, Leistung zu bringen, brauchen nicht viel Hilfe durch das Management. Der *Delegierende Führungsstil (S4)* wirkt hier am effektivsten. Der Mitarbeiter benötigt wenig Unterstützung, da er eine hohe Eigenmotivation hat. Allerdings braucht der Mitarbeiter – wie alle Menschen – Lob und Anerkennung, damit er das Gefühl hat, von anderen geschätzt zu werden. Deshalb ist es empfehlenswert, regelmäßig Anerkennung, z. B. in Form des „01-Minuten-Lobs“ (vgl. K. Blanchard, „Der 01-Minuten-Manager“), auszusprechen, jedoch in einer Weise, die zum Verhaltensstil **D**, **I**, **S** oder **G** dieser Person paßt. Der S4-Stil kommt *keinem* der Verhaltensstile gleich, sondern muß erlernt und trainiert werden.

Die nebenstehende Tabelle gibt Ihnen konkrete Empfehlungen, *was* bei einem effektiven Führungsstil S1, S2, S3 und S4 im einzelnen zu tun ist. Im dritten Schritt unseres 1x1-Führungsmodells zeigen wir Ihnen, *wie* Sie die situative Führung an den Verhaltensstil **D**, **I**, **S** oder **G** Ihrer Mitarbeiter individuell anpassen können.

Zusammenfassung der vier Führungsstile

S3

Unterstützender Führungsstil

- Die Person coachen, damit sie die richtigen Entscheidungen treffen kann.
- Die Person an der Zielsetzung und der Problemlösung beteiligen.
- Der Person den Rücken stärken und sie ermutigen, Neues zu wagen.
- Mit der Person über weitere Schritte und Qualitätsmaßstäbe nachdenken.
- Unterstützung, Hilfsmittel und Ideen bieten, wenn die Person darum bittet.

S2

Trainierender Führungsstil

- Entscheidungen erläutern und um weitere Ideen bitten.
- Einen Durchführungsplan entwickeln und ihn mit der Person besprechen.
- Die letzte Entscheidung selbst treffen.
- Die erbrachten Leistungen und die Entwicklung der Person beobachten.
- Die erbrachten Leistungen bewerten und gemeinsam besprechen.
- Bei Bedarf spezifische Anweisungen geben.

S4

Delegierender Führungsstil

- Große Vertrauensspanne geben und wenige Kontrollen durchführen.
- Der Person gestatten, die eigene Arbeit zu bewerten.
- Die Person mit weitreichenden Befugnissen ausstatten.
- Für außergewöhnliche Fälle Berater und Ansprechpartner sein.
- Der Person gestatten, eigene Pläne, Methoden und Vorgehensweisen zu entwickeln.

S1

Dirigierender Führungsstil

- Spezifische Beschreibungen geben.
- Qualitätsmaßstäbe klar bestimmen.
- Anweisungen/Informationen geben, wie etwas gemacht werden muß.
- Die Person bei der Ausführung der Aufgabe eng überwachen.
- Rückmeldung über die Leistung geben.
- Fortschritte bewerten und über Ergebnisse berichten.
- Ziele und Qualitätsmaßstäbe setzen.

„Der Mensch wirkt alles, was er vermag, auf den Menschen durch seine Persönlichkeit.“

Johann Wolfgang von Goethe

Führungsstil: „Was“ ist zu tun?

Drittens

Passen Sie den Führungsstil an den *Verhaltensstil* Ihrer Mitarbeiter an.

siehe Seiten 64-65

Nachdem Sie das gezeigte Engagement und die Kompetenz *(= Entwicklungsstand)* Ihrer Mitarbeiter ermittelt und damit den situativ richtigen Führungsstil bestimmt haben, überprüfen Sie, welchen Verhaltensstil diese Person hat.

Setzen Sie den gewählten „situativen Führungsstil“ unbedingt so ein, daß Sie dem *Verhaltensstil* und damit den Bedürfnissen des *Mitarbeiters* gerecht werden: *Wie* führe ich?

Die nachfolgende zusammenfassende Praxis-Checkliste hilft Ihnen,

- den situativ richtigen Führungsstil zu wählen, der beim gezeigten Engagement und der Kompetenz einer Person (Entwicklungsstand) am effektivsten ist,
- *und* ihn an den Verhaltensstil **D**, **I**, **S** oder **G** dieser Person individuell anzupassen. So handeln Sie strategisch richtig und am wirkungsvollsten.

Führung und Verhaltensstil: „Wie“ führe ich: Wie tue ich es? Wie braucht er/sie es?

Führungsstile und Verhaltensstile

Dirigierender Führungsstil (S1) ■ Trainierender Führungsstil (S2)
für dominante (D), initiative (I), stetige (S), gewissenhafte (G) Mitarbeiter

Führungsstil	D	I	S	G
Dirigierender Führungsstil (S1) **Die Person hat ■ hohes Engagement und ■ geringe Kompetenz**	■ Zeigen Sie den einfachsten, schnellsten und praktischsten Weg, um Ergebnisse zu erzielen. ■ Seien Sie konsequent und direkt, und definieren Sie genau die erforderliche Leistung. ■ Legen Sie genau fest, wie weit die Kompetenzen reichen.	■ Verwenden Sie schnelle, begeisternde Beschreibungen. ■ Überfallen Sie die Person nicht mit Einzelheiten. ■ Prüfen Sie genau nach, daß die Aufgabe verstanden wurde und „wie" sie erledigt werden soll.	■ Fördern Sie die Person mit einem schrittweisen Plan. ■ Bieten Sie, wenn möglich, praktische Einzelbetreuung und schriftliche Richtlinien. ■ Geben Sie regelmäßige, lockere Rückmeldungen über Verbesserungen.	■ Geben Sie limitiert Zeit, um Informationen zu verarbeiten und Fähigkeiten zu üben. ■ Prüfen Sie nach, ob wichtige Punkte verstanden und anerkannt wurden.
Trainierender Führungsstil (S2) **Die Person hat ■ schwankendes oder hohes Engagement und ■ mittlere Kompetenz**	■ Legen Sie den Schwerpunkt darauf, Hindernisse für Ergebnisse zu überwinden. ■ Betonen Sie die positive Wirkung notwendiger Veränderungen auf Ergebnisse und Konsequenzen. ■ Bitten Sie um Lösungsvorschläge. ■ Legen Sie Wert auf die Fähigkeit, komplexe Probleme zu lösen, Fakten vor der Entscheidung zu sammeln und Folgen gegeneinander abzuwägen.	■ Stellen Sie offene Fragen (was? wo? wann? wie?), um den Handlungsbedarf zu definieren; bieten Sie Gelegenheit, Gedanken, Gefühle und Ideen zu äußern. ■ Legen Sie Wert auf Logik als weiteres Werkzeug zur besseren Problemlösung. ■ Bieten Sie Strukturen für komplexe Aufgaben, die methodisches Arbeiten erfordern. ■ Betonen Sie die gesteigerte Anerkennung, die aus besseren Leistungen resultiert.	■ Helfen Sie, schrittweise einen Plan zu erstellen, um die neuen Fähigkeiten bis zu einem bestimmten Zeitpunkt zu entwickeln. ■ Bieten Sie Coaching an, um innovative Lösungsansätze für neuartige Situationen zu entwickeln. ■ Geben Sie häufiges Feedback über verbesserte Leistungen. ■ Betonen Sie Techniken, um schneller Entscheidungen in einfachen Situationen zu treffen; fördern Sie selbstsicheres Verhalten.	■ Sagen Sie, welche Veränderungen nötig sind und warum; bitten Sie „G" um entsprechende Lösungsvorschläge. ■ Erkennen Sie Fähigkeiten an, um einer Abwehrhaltung vorzubeugen. ■ Geben Sie Zeit zum Nachdenken, bevor „G" sich zum Handeln verpflichten muß. ■ Betonen Sie Lösungstechniken für Probleme, die eine schnelle Reaktion erfordern.

Führungsstile und Verhaltensstile

Unterstützender Führungsstil (S3) ■ Delegierender Führungsstil (S4)
für dominante (D), initiative (I), stetige (S), gewissenhafte (G) Mitarbeiter

D	I	S	G	Führungsstil
■ Verwenden Sie kurze, direkte Aussagen; erkennen Sie Leistungen, Ergebnisse bzw. Führungsstärke an. ■ Bieten Sie Herausforderungen, ermöglichen Sie selbständiges Arbeiten und „Siege". ■ Bieten Sie alternative Methoden, um Ergebnisse zu erreichen.	■ Erkennen Sie verbale und zwischenmenschliche Fähigkeiten öffentlich an. ■ Ermöglichen Sie Kontakte mit anderen. ■ Geben Sie Zeit, Gedanken, Gefühle und Ideen auszudrücken. ■ Geben Sie Hilfen bei Detailarbeiten.	■ Geben Sie echte Wertschätzung für den Beitrag zu Stabilität und kooperativen Beziehungen. ■ Geben Sie Anerkennung und Belohnungen für ausdauernde, zuverlässige Leistungen. ■ Bieten Sie regelmäßige Gelegenheiten für zwanglose Diskussionen über Probleme.	■ Machen Sie präzise Aussagen im Einzelgespräch, um Anerkennung für die erbrachte Leistung zu geben. ■ Schaffen Sie Situationen, wo logische und systematische Arbeit zu langfristigen Erfolgen und guter Qualität führt. ■ Geben Sie die Gelegenheit, Spezialwissen zu zeigen.	**Unterstützender Führungsstil (S3)** **Die Person hat ■ schwankendes Engagement und ■ hohe Kompetenz**
■ Sagen Sie, welche Ergebnisse wann vorliegen sollen; lassen Sie „D" entscheiden, wie die Arbeit erledigt wird. ■ Definieren Sie genau die Grenzen der Kompetenz und die verfügbaren Mittel; überlassen Sie „D" alles andere als seinen Entscheidungsspielraum. ■ Erlauben Sie „D", die Aktivitäten anderer zu dirigieren.	■ Prüfen Sie nach, ob Leistungserwartung und Terminplan verstanden wurden. ■ Setzen Sie Termine für (Zwischen-)Kontrollen, und sorgen Sie für Klarheit, was bis wann fertig werden soll. ■ Sorgen Sie dafür, daß „I" mit anderen zusammenarbeiten kann.	■ Sorgen Sie für eine schriftliche Darlegung der erwünschten Ergebnisse. ■ Definieren Sie, welche Hilfsmittel für die Fertigstellung der Aufgabe zur Verfügung stehen. ■ Bieten Sie Unterstützung an, wenn Verhandlungen mit anderen anstehen. ■ Seien Sie für Rückfragen und feste Rücksprachen immer ansprechbar.	■ Geben Sie logische, präzise Beschreibungen der Leistungsanforderungen und Qualitätsmaßstäbe. ■ Erklären Sie, warum die Arbeitsaufgabe im Rahmen eines Gesamtprojektes wichtig ist und getan werden muß. ■ Erläutern Sie „G" die Grenzen seiner Autorität und Verantwortung einschließlich seines persönlichen Risikos.	**Delegierender Führungsstil (S4)** **Die Person hat ■ hohes Engagement und ■ hohe Kompetenz**

Führungsstile und persönliche Verhaltensstile

„Wenn die beste Führungskraft ihre Arbeit beendet hat, sagen ihre Mitarbeiter: ‚Wir haben alles selbst gemacht!'"
Kenneth Blanchard

DISG-Persönlichkeitstypen und situative Führung

- **Sachorientiert: D und G**
- **Beziehungsorientiert: I und S**

Menschen neigen dazu, bei Führungsstilen eine Haltung einzunehmen, die ihrem persönlichen Verhaltensstil entspricht. Dieses *natürliche Verhalten* kann entweder unterstützend (I, S) oder dirigierend (D, G) oder beides sein – und ist in vielen Situationen sogar effektiv. Andererseits kann je nach Situation und Person häufig ein ganz anderes Verhalten angebracht sein, das sich vom eigenen gänzlich unterscheidet und relativ mühsam zu praktizieren wäre.

Bestimmte persönliche Verhaltensstile passen ganz natürlich zu dirigierendem und unterstützendem Führungsverhalten. Unsere Grafik zeigt Ihnen den Zusammenhang zwischen den vier DISG-Persönlichkeits-Typen und den vier situativen Führungsstilen. Sie können erkennen, bei welchem Persönlichkeitstyp der natürliche Führungsstil eher *dirigierend* (S1) oder *unterstützend* (S3) angelegt ist.

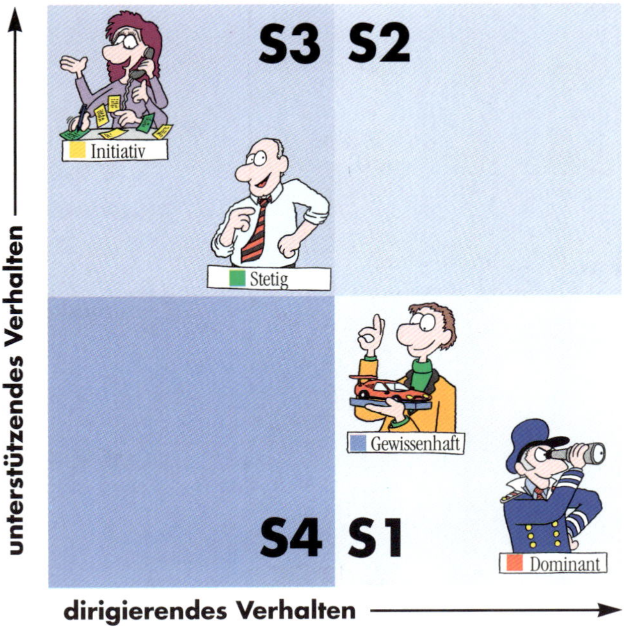

- Dominante und gewissenhafte Führungskräfte neigen dazu, eher bestimmend, kontrollierend, ziel- oder aufgabenorientiert vorzugehen. „D" ist eher direkt, während „G" eher introvertiert ist und seine Kontrolle indirekt ausübt. Eine Person mit *hohem „D"* könnte den dirigierenden Führungsstil (S1) übertreiben und müßte sich sehr anstrengen, den unterstützenden Führungsstil (S3) anzuwenden.
- Initiative und stetige Führungskräfte neigen dazu, unterstützend und beziehungsorientiert vorzugehen. „I" geht eher euphorisch vor und bevorzugt größere Gruppen, während „S" zurückhaltender ist und seine Unterstützung nicht so demonstrativ zum Ausdruck bringt. Jemand mit *hohem „I"* könnte den unterstützenden Führungsstil (S3) übertreiben und müßte sich sehr anstrengen, um den dirigierenden Führungsstil (S1) anzuwenden.

In der Praxis hat sich gezeigt, daß „D's" und „G's" eher den *kontrollierenden Stil* Dirigieren (S1) bevorzugen, während „I's" und „S's" mehr den *verbindenden Stil* Unterstützen (S3) wählen. Trainieren Sie jedoch, *alle* vier Führungsstile flexibel anzuwenden.

Persönlichkeit und Teamarbeit

„Wer alleine arbeitet, addiert; wer zusammen arbeitet, multipliziert."
Arabische Lebensweisheit

Wenn Gruppen überdurchschnittliche Ergebnisse erzielen wollen, müssen sie zu echten *Teams* werden. Jedes Teammitglied hat seine persönlichen Stärken, aber auch seine eigenen Schwächen. So stoßen wir in der Zusammenarbeit unmittelbar an die Grenzen der einzelnen Persönlichkeitstypen.

Spannungen lassen sich häufig auf Persönlichkeitskonflikte zurückführen. Die meisten Menschen sind sich der Unterschiede und der Dynamik zwischen den verschiedenen Persönlichkeiten nicht bewußt. In Hochleistungs-Teams müssen alle Mitglieder die Stärken, Bedürfnisse und Schwächen der anderen Teammitglieder erkennen und manches auch akzeptieren. Der persönliche Verhaltensstil jedes einzelnen Teammitglieds wirkt sich auf die Leistungen des ganzen Teams aus.

Schlüsselfaktoren der Zusammenarbeit

Für eine erfolgreiche *Zusammenarbeit* im Team gibt es zwei Schlüsselfaktoren: Menschen werden in ihrem sozialen Verhalten dann als effektiv betrachtet, wenn sie

- das tun, *was* andere benötigen – sowohl bei Arbeitsaufgaben als auch bei sozialen Aktivitäten;
- es so tun, *wie* andere es benötigen.

Sie verwenden dann einen Verhaltensstil, welcher den Bedürfnissen der anderen gerecht wird.

Unterschiedliche Personen wollen im Team auch unterschiedlich behandelt werden. Außerdem verhalten sich Menschen in einer Gruppe anders, als wenn sie allein auftreten. Entscheidend ist, die Potentiale der einzelnen Mitglieder zu erkennen und diese im Team zu fördern. Jedes Teammitglied wird um so erfolgreicher sein, je mehr es ihm gelingt, seine persönlichen Stärken voll einzusetzen. Teamarbeit bedeutet Zusammenarbeit auf höchstem Niveau. In einer Gruppe addieren sich die Ergebnisse: 1+1=2. In einem Team jedoch gibt es Synergieeffekte: 1+1=3, 4 oder gar 5. Das Ziel einer echten *Teamarbeit* sind positive Ergebnisse, nicht Übereinstimmung um jeden Preis.

Gruppe: 1+1=2

Team mit Synergie: 1+1=3

Das „dominante" und „initiative" Teammitglied

Verhaltensstil	D	I
Die beste Teamrolle	Verschiedene Aufgaben, die eine Herausforderung sind, Initative erfordern und sein Interesse wachhalten. Streß und Leistungsdruck steigern sein Interesse an der Aufgabe.	Aufgaben, bei denen „I" mit Menschen zu tun und die Gelegenheit hat, diese zu motivieren. Aufgaben, bei denen „I" vor anderen sprechen und Anerkennung erhalten kann.
Schlüssel zur Motivation	**Herausforderungen** ■ Gelegenheit, Erfolge zu erzielen ■ zusätzliche Verantwortung ■ bestimmte Zustände in Frage stellen	**Anerkennung** ■ Gelegenheit, im Rampenlicht zu stehen ■ Anreize, eine Aufgabe zu übernehmen ■ Humor
Umgang mit diesem Teammitglied	Kommt am besten mit Menschen zurecht, die offen und direkt sind und mit denen durch Diskussionen oder Verhandlungen Übereinstimmung erzielt werden kann. ■ Zeigen Sie sich interessiert. ■ Seien Sie in Gesprächen direkt, kurz, offen, und kommen Sie direkt zum Thema. ■ Erzielen Sie Vereinbarungen durch Verhandlungen. ■ Legen Sie nur die Grenzen fest. ■ Lassen Sie ihm sonst freie Hand. ■ Überlassen Sie ihm die Initiative. ■ Zeigen Sie Kompetenz. ■ Bleiben Sie beim Geschäftlichen. ■ Zeigen Sie Unabhängigkeit.	Kann am besten in einem demokratischen Umfeld arbeiten, in dem seine Beiträge anerkannt und gewürdigt werden. ■ Seien Sie freundlich, gelassen und nicht förmlich. ■ Zeigen Sie Flexibilität. ■ Auf partnerschaftliche Beziehung achten. ■ Bieten Sie „I" die Gelegenheit, seine Ideen in Worte zu fassen. ■ Helfen Sie „I", Worte in Taten umzusetzen. ■ Zeigen Sie Feingefühl. ■ Achten Sie auf lockere, humorvolle Stimmung. ■ Geben Sie „I" die Details schriftlich, allerdings nicht zu viele.
Besondere Stärken: ■ mögliche Schwächen: ▶	■ löst Probleme ▶ unsensibel gegenüber Gefühlen ■ entscheidungsfreudig ▶ ungeduldig, übersieht Risiken und Fakten ■ ausdauernd ▶ unnachgiebig	■ optimistisch ▶ verspricht mehr, als er halten kann ■ persönlich ▶ beeinflußt andere ■ begeistert ▶ oberflächlich
Hinweise zur persönlichen Entwicklung	■ Mitgefühl ist keine Schwäche. ■ Manche Kontrolle ist ganz nützlich. ■ Jeder (auch das hohe „D") muß mit anderen zusammenarbeiten.	■ Eine gute Kontrolle der Zeit ist hilfreich. ■ Termine sind wirklich dringlich. ■ Es gibt auch so etwas wie „zu viel Optimismus".

Das „stetige" und „gewissenhafte" Teammitglied

Verhaltensstil	S	G
Die beste Teamrolle	Spezialisierte, sich wiederholende Aufgaben, die „S" in seinem eigenen Tempo erledigen kann. Arbeiten, die bekannte, bewährte Methoden erfordern.	Arbeiten, die Genauigkeit, Methoden, Organisation, Details und Präzision erfordern und bei denen Verantwortung geteilt werden kann.
Schlüssel zur Motivation	**Verständnis** ■ Ideen, die an Bewährtes anknüpfen ■ Kein Risiko, Zusicherung von Unterstützung ■ Sicheres, angenehmes Umfeld	**Schutz und Sicherheit** ■ Forderung nach Regeln, Richtlinien ■ Berücksichtigung begründeter Bedenken ■ Forderung nach Details, Qualität
Umgang mit diesem Teammitglied	Kann am besten mit entspannten, freundlichen Menschen (Freunden) zusammenarbeiten, die sich nicht nur für seine Arbeit, sondern auch für ihn interessieren. ■ Seien Sie systematisch und objektiv. ■ Seien Sie entspannt und freundlich. ■ Bleiben Sie beständig und berechenbar. ■ Erklären Sie das „Wie". ■ Bereiten Sie Veränderungen gut vor. ■ Zeigen Sie ehrliches Interesse an „S". ■ Zeigen und definieren Sie Ziele und Aufgaben im übergeordneten Ganzen. ■ Schenken Sie „S" Ihre Aufmerksamkeit. ■ Dringen Sie langsam in neues Gebiet vor. ■ Bieten Sie „S" schrittweise Lösungen.	Kann am besten mit solchen Teammitgliedern zusammenarbeiten, die ihn unterstützen, detaillierte Erklärungen geben und Diskussionen über Schlüsselfragen führen. ■ Schaffen Sie ein Umfeld, in dem jeder an der Zielsetzung beteiligt ist. ■ Liefern Sie „G" eine detaillierte Beschreibung seiner Aufgaben. ■ Halten Sie Ihre Zusagen unbedingt ein. ■ Bieten Sie „G" Sicherheiten. ■ Zeigen Sie Loyalität und Ernsthaftigkeit. ■ Seien Sie bereit zur Teamarbeit. ■ Machen Sie Ihre „Hausaufgaben". ■ Greifen Sie auf seine Erfahrungen zurück; liefern Sie schriftliche Vorschläge.
Besondere Stärken: ■ mögliche Schwächen: ▶	■ unterstützend ▶ paßt sich zu sehr an ■ angenehm ▶ reserviert, zurückhaltend ■ loyal ▶ verpaßte Chance	■ ordnungsliebend ▶ pedantisch ■ gründlich ▶ konzentriert sich zu sehr auf Details ■ analytisch ▶ zu vorsichtig
Hinweise zur persönlichen Entwicklung	■ Termine sind wichtig. ■ Veränderungen bedeuten neue Chancen und Gelegenheiten. ■ Auch Freunde müssen sich diszipliniert verhalten.	■ Selbst genaueste Aufgabenbeschreibungen können sich durchaus ändern. ■ Termine müssen trotz doppelter, genauester Kontrolle eingehalten werden. ■ Totale Unterstützung gibt es nicht.

Wie arbeiten „D" und „I" im Team mit anderen zusammen?

Auf dem Weg zu einem effektiven Team ist es wichtig, die unterschiedlichen Verhaltensstile der anderen Teammitglieder zu erkennen und zu verstehen. Die Tabellen zeigen Ihnen das unterschiedliche Teamverhalten der vier DISG-Persönlichkeitstypen im Hinblick auf verschiedene Aspekte der Zusammenarbeit:

Zusammenarbeit	D	I	S	G
Zusammenarbeit von „D" mit ...	Der andere wird positiv, pionierhaft und wetteifernd empfunden, sofern gegenseitige Achtung zwischen den Partnern herrscht. Ist die Beziehung von Konflikten geprägt, so hält „D" den anderen „D" für streitsüchtig, diktatorisch, arrogant, fordernd, voreilig und frech.	„D" beschuldigt „I", sich in den Vordergrund zu spielen, künstlich, blauäugig, unaufmerksam und oberflächlich zu sein. „D" mag es nicht, wenn sich jemand „verkauft". „D" lehnt die unverbindlichen, weit gefaßten, allgemeinen Aussagen eines „I" ab.	„D" sieht „S" als teilnahmslos, unentschlossen, langsam, besitzverteidigend, zu nachgiebig, profillos und wenig überzeugend an. Kommunikation und Umgang, die zu stark auf Ergebnisse abzielen, überfordern „S" schnell. Beschleunigt „D" künstlich das Tempo, erzeugt er passive Aggression.	„D" sieht „G" als ausweichend, abhängig, zu problemorientiert, defensiv, unschlüssig, vorsichtig, gleichgültig und pingelig an. „G" verliert sich im Detail und blockiert sich mit Analysen und Untersuchungen.
Steigerung der Zusammenarbeit:	Sorgen Sie dafür, daß ein Klima gegenseitiger Achtung herrscht.	„D" muß lernen, mit „I" freundlich umzugehen; er sollte ihm zuhören und ihm für seine Fähigkeiten und Taten Lob und Anerkennung aussprechen.	„D" sollte möglichst ohne Druck, umgänglich und freundlich sein. Er sollte ehrliche Anerkennung aussprechen, wenn Aufgaben gut erledigt wurden.	„D" muß lernen, bewußt langsamer zu treten, mit Fakten zu argumentieren und gut auf Fragen, Zweifel und analytisches Denken vorbereitet zu sein.
Zusammenarbeit von „I" mit ...	„I" hält „D" für streitsüchtig, diktatorisch, arrogant, fordernd, hitzig und frech. „I" mag es nicht, wenn er getrieben wird, und ist frustriert, wenn gute Ideen abgeschmettert werden bzw. „I" mit seinem „Charme" nicht landen kann.	„I" hält anderen „I" für stimmungsvoll, begeistert, extrovertiert und optimistisch. Sie kommen privat gut miteinander aus. Geschäftlich erwarten beide oft zuviel; sie wollen sich gegenseitig beeindrucken. Beide mögen es, Spaß und Arbeit zu verbinden, und übersehen gerne finanzielle Begrenzungen.	„I" hält „S" für teilnahmslos, unentschlossen, langsam, besitzergreifend, gleichgültig, wenig überzeugend und unauffällig. „I" wird schnell ungeduldig, wenn „S" nicht schnell genug reagiert.	„I" hält „G" für ausweichend, zu problemorientiert, unschlüssig, defensiv, zu vorsichtig und pingelig. „I" hat grundlegende Schwierigkeiten mit „G": Eine positive risikofreudige Grundeinstellung („I") reibt sich mit Vorsicht und Behutsamkeit, die große Vision kollidiert mit den Details („G").
Steigerung der Zusammenarbeit:	„I" muß lernen, mit einem „D" direkt und geradlinig umzugehen und gegenüber „D" mit entsprechendem Selbstbewußtsein aufzutreten.	Durch Freundlichkeit, Komplimente und Anerkennung wird viel erreicht. „I" muß lernen zuzuhören, statt darüber nachzudenken, was er als nächstes sagen will.	„I" muß bewußt eine langsamere Gangart wählen – vor allem: nicht drängeln! „I" sollte „S" ehrliche Anerkennung zeigen und ihn als Freund gewinnen.	„I" sollte bewußt langsamer vorgehen, mit Fakten argumentieren, gut vorbereitet sein und mit Hintergrundfragen, Zweifeln und Sachargumenten umgehen können.

Wie arbeiten „S" und „G" im Team mit anderen zusammen?

Meinungsunterschiede sind die natürliche Folge von Teamarbeit. *Konflikte* zwischen einzelnen Teammitgliedern entstehen, wenn Meinungsverschiedenheiten nicht ausgesprochen und geklärt werden. Zusammenarbeit im Team lebt von direkter, *offener Kommunikation.* Für ein effektives Team sind *alle* Verhaltensstile gleich wichtig.

D	I	S	G	Zusammenarbeit
„S" hält „D" für streitsüchtig, diktatorisch, arrogant, fordernd, hitzig und frech. „S" scheut die direkte, auf Konfrontation zielende Haltung des „D". Nach außen hin zeigt „S" sich ruhig und ausgeglichen. „S" zieht sich innerlich zurück und verlangsamt die Gangart.	„S"„ hält „I" für geltungsbedürftig, gekünstelt, blauäugig, unaufmerksam und oberflächlich. Beide kommen gut miteinander aus, solange die Beziehung oberflächlich bleibt. „S" hört zu, nickt zustimmend und vermeidet es, deutlich und offen zu widersprechen.	„S" hält einen anderen „S" für zuverlässig, beherrscht, freundlich, geduldig, aufmerksam und anpassungsfähig. Sie unterstützen sich gegenseitig, vermeiden gerne Konflikte und schnelle Veränderungen. Sie brauchen von außen vorgegebene Ziele, dann können sie viel leisten.	„S" hält „G" für ausweichend, zu problemorientiert, unschlüssig, defensiv, zu vorsichtig und pingelig. „G" ist wie „S" eher passiv und läßt sich nicht hetzen. Entscheidungen werden zögernd getroffen. „S" empfindet die menschliche Distanz von „G" schnell als Ablehnung.	**Zusammenarbeit von „S" mit ...**
„S" muß lernen, direkt und geradlinig mit einem „D" umzugehen und als Gleichberechtigter aufzutreten.	„S" sollte freundlich sein, „I" Komplimente machen und seine Leistungen würdigen.	„S" muß sich nur geben, wie er ist, einen Schritt nach dem anderen gehen, echte Anerkennung zeigen und den Teampartner als Freund gewinnen.	„S" muß lernen, mit Fakten zu argumentieren, gut vorbereitet zu sein und mit Fragen, Zweifeln und Sachargumenten umgehen zu können.	**Steigerung der Zusammenarbeit:**
„G" hält „D" für streitsüchtig, diktatorisch, arrogant, fordernd, hitzig und frech. „G" benutzt Autorität von außen, um die Ansprüche von „D" abzuwehren. „G" nimmt schnell eine defensive Haltung ein und sieht oft den Wald nicht, da er sich voll auf die einzelnen Bäume konzentriert.	„G" hält „I" für geltungsbedürftig, gekünstelt, unaufmerksam, blauäugig und zu optimistisch. „G" dämpft gerne die Begeisterung des „I" mit seinen Fragen und seiner analytischen Einstellung. „G" weist auf Gefahren und Risiken hin und fordert Garantieerklärungen, daß ja nichts schiefläuft.	„G" hält „S" für unschlüssig, langsam, besitzverteidigend. „G" und „S" verstehen sich sehr gut, wenn es darum geht, Risiken und Gefahren zu reduzieren oder Entscheidungen sorgfältig und überlegt zu treffen. „G" übergeht leicht das Anliegen des „S", eine persönliche Beziehung aufzubauen.	„G" hält einen anderen „G" für präzise, qualitätsorientiert, systematisch, sorgfältig, anpassungsfähig und angenehm. Sie arbeiten gut zusammen, legen Wert auf sorgfältiges Planen. Sie neigen dazu, sich mit dem Detail „richtig" zu beschäftigen, verlieren aber leicht das Ergebnis aus den Augen.	**Zusammenarbeit von „G" mit ...**
„G" muß lernen, direkt und geradlinig mit einem „D" umzugehen und als Gleichberechtigter aufzutreten.	„G" muß lernen, Komplimente zu machen, freundlich zu sein, „I" zuzuhören, seine Leistungen deutlich anzuerkennen und nicht in Frage zu stellen.	„G" muß lernen, bewußt liebenswürdig und freundlich mit „S" umzugehen. Wenn „S" eine Aufgabe erledigt hat, muß „G" ihm echte Anerkennung zeigen.	Konflikte gibt es selten. Grundsätzlich gilt, an Tatsachen orientiert zu argumentieren und Zweifel und Fragen zuzulassen.	**Steigerung der Zusammenarbeit:**

„T-e-a-m = Toll, ein anderer macht's!?"

Wo reagieren D, I, S, G auf Spannungen im Team?

Teammitglieder reagieren unterschiedlich auf *Streß* und *Konflikte:*

	anfängliche Reaktion	**wenn die Spannung andauert**
D	fordernd	zieht sich zurück
I	angreifend	gibt nach
S	gibt nach	angreifend
G	zieht sich zurück	fordernd

Weil wir im voraus in etwa die natürlichen Reaktionen anderer kennen, sind wir in der Lage, positiv und überlegt in schwierigen Situationen zu *agieren*, statt gefühlsmäßig negativ zu *re-agieren.*

Die Spannungen zwischen den einzelnen Typen wirken sich wie folgt aus:

D

D Je mehr der eine versucht, eine Situation zu bestimmen, desto mehr reduzieren sich die Freiheit und der Einfluß des anderen.

I Je mehr der eine sich um Ergebnisse sorgt, desto mehr sorgt der andere sich um ein anregendes Arbeitsklima.

S Je weniger der eine zuhört, desto mehr wünscht sich der andere, richtig verstanden zu werden.

G Je schneller der eine vorangeht, desto gründlicher wird der andere.

I

Je gefühlsbetonter der eine wird, desto ergebnisorientierter wird der andere. **D**

Je mehr der eine im Mittelpunkt stehen will, desto mehr muß der andere zurücktreten. **I**

Je schneller der eine agiert, desto mehr wünscht sich der andere bedeutungsvollere Beziehungen. **S**

Je impulsiver sich der eine verhält, desto aufmerksamer wird der andere für Details. **G**

G

D Je methodischer der eine vorgeht, desto langsamer empfindet ihn der andere.

I Je mehr der eine Details betont, desto kritischer empfindet ihn der andere.

S Je weniger Gefühle der eine zeigt, desto unmenschlicher empfindet ihn der andere.

G Je korrekter der eine ist, desto korrekter will der andere sein.

S

Je mehr Zeit der eine braucht, desto geschwätziger empfindet ihn der andere. **D**

Je bedächtiger der eine ist, desto ungeduldiger wird der andere. **I**

Je weniger initiativ der eine wird, desto mehr Initiative muß der andere ergreifen. **S**

Je wichtiger dem einen Menschen und Gespräche sind, desto mehr betont der andere die Aufgaben. **G**

Wir können grundsätzlich mit *allen* Verhaltensstilen effektiv zusammenarbeiten, wenn gegenseitiger Respekt und Vertrauen sowie das Engagement und die Fähigkeit zur Verhaltensanpassung (siehe 4. Umsetzung, S. 116 ff.) gegeben sind.

Wer verträgt sich im Team mit wem?

Die Tabelle zeigt zum einen, wie gut sich Menschen mit ausgeprägtem **D-**, **I-**, **S-**, oder **G-**Verhalten in einer *Arbeitssituation* vertragen, wenn es darum geht, gemeinsam Aufgaben zu erfüllen. Zum anderen zeigt sie gegenseitige Verträglichkeiten in der *Freizeit,* wo Menschen ihren natürlichen Verhaltensstil noch mehr ausleben:

hervorragend		gut		mäßig		schlecht		Verträglichkeit / Typen	
1	2	3	4	5	6	7	8		
		Freizeit		Arbeit				**D**	**D**
		Freizeit			Arbeit			**D**	**I**
Arbeit					Freizeit			**D**	**S**
					Arbeit		Freizeit	**D**	**G**
Freizeit						Arbeit		**I**	**I**
Arbeit				Freizeit				**I**	**S**
		Arbeit				Freizeit		**I**	**G**
Freizeit		Arbeit						**S**	**S**
Freizeit	Arbeit							**S**	**G**
Freizeit		Arbeit						**G**	**G**

Manchmal sind es gerade die Stärken der verschiedenen Stile, die zu *Reibungen* führen. Grundsätzlich jedoch können auch Menschen mit geringen Verträglichkeiten immer *Wege* finden, effektiv miteinander umzugehen, wenn sie sich wirklich verstehen wollen.

Gleichzeitig ist es möglich, daß Menschen, die ein hohes Potential für Verträglichkeiten haben, z. B. zwei Typen mit hohem „**I**" in der Freizeit, es schwer finden, eine Beziehung aufrechtzuerhalten. Die Ursachen hierfür liegen meist in unterschiedlichen Lebenseinstellungen oder Konflikten über Werte, Erfahrungen und Glaubensaussagen, nicht in den Persönlichkeitsstrukturen.

Wie verhalte ich mich im Team effektiv?

Identifizieren Sie den Verhaltensstil des betreffenden Teammitglieds und ...

	D	I	S	G
Positives Klima schaffen	■ „D" eine Auswahl an Aktivitäten anbieten. ■ „D's" Bedürfnis nach Abwechslung und Veränderung annehmen. ■ „D" die Führung übernehmen lassen. ■ „D" neue Möglichkeiten und Herausforderungen anbieten.	■ „I" Gelegenheiten bieten, um sich gegenseitig positiv zu beeinflussen. ■ „I" Zeit geben, um seine Gedanken, Gefühle und Ideen zu formulieren. ■ „I" helfen, sich mit Einzelheiten zu befassen. ■ „I" mit Begeisterung loben.	■ „S" regelmäßig signalisieren, daß seine Leistung wichtig für die Arbeit der anderen ist. ■ „S" Gelegenheiten bieten, mit anderen zusammenzuarbeiten, um Ergebnisse zu erzielen. ■ Wenn Veränderungen notwendig sind, „S" einen stufenweisen Plan vorlegen.	■ „G" Gelegenheit bieten, seine Fähigkeiten zu zeigen. ■ „G" Situationen ermöglichen, in denen sein systematisches Vorgehen langfristig zum Erfolg beiträgt. ■ Bei „G" akzeptieren, daß Dinge „richtig" gemacht werden müssen und Unbehagen bei „halben Sachen" aufkommt.

Kommunizieren	■ Seien Sie gegenüber „D" direkt, und meiden Sie oberflächliches Gerede. ■ Prüfen Sie zum Schluß des Gesprächs, ob „D" richtig zugehört hat.	■ Benutzen Sie legere Situationen mit anderen zusammen und ohne Zeitdruck ■ Bieten Sie Gelegenheiten, Geschichten und Ideen mit Begeisterung auszutauschen. ■ Gestalten Sie ein echtes Zwiegespräch, und gehen Sie auf „I's" Gefühle ein.	■ Bieten Sie „S" regelmäßig Gelegenheit zu ungezwungenen informellen Gesprächen. ■ Fragen Sie „S" nach seinen Bedenken, Sorgen oder Konflikten mit anderen. ■ Fangen Sie Gespräche mit „S" in einer freundlichen, legeren Art an.	■ Bleiben Sie gegenüber „G" in unbekannten Situationen formal, und meiden Sie persönliche Fragen. ■ Machen Sie bei „G" logische und sachliche statt emotionaler Aussagen. ■ Finden Sie bei „G" Meinungsverschiedenheiten und Mißverständnisse heraus.
				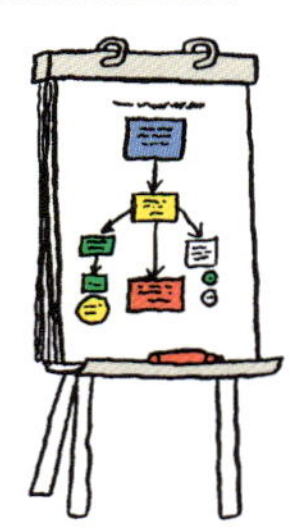

Strategien für die Zusammenarbeit

… gehen Sie im Team individuell auf seine Persönlichkeitsstruktur ein.

Konflikte lösen

D

„D“ neigt dazu, direkt und aggressiv zu sein, was zu einer „Ich gewinne / du verlierst“-Situation führen kann.

■ Meiden Sie Schwarzweißmalerei, indem Sie Ihre Meinungsunterschiede urteilsfrei darlegen.

■ Versuchen Sie, mit Hilfe von offenen Fragen (wie? was? wo? wann?) sofort zum Wesentlichen zu kommen.

■ Fragen Sie „D“, was konkret erforderlich ist, damit beide gewinnen.

■ Fassen Sie das Gespräch zusammen, indem Sie feststellen, wozu sich jeder verpflichtet hat, um den Konflikt zu lösen.

I

„I“ meidet gern den direkten, offenen Konflikt.

■ Erkennen Sie sein Unbehagen bei Konflikten oder bei Verlust von Anerkennung

■ Beschreiben Sie die Konfliktsituation sachlich und ohne Kritik an „I“.

■ Erlauben Sie nicht, daß „I“ das Problem verniedlicht oder versucht zu umgehen.

■ Beenden Sie das Gespräch mit einer klaren Aussage darüber, was bis wann von wem getan wird, und bestätigen Sie Ihre persönliche Beziehung zu „I“.

S

„S“ meidet gern Aggressivität, Feindseligkeit und Konflikte.

■ Sprechen Sie gegenüber „S“ von der Notwendigkeit, den Konflikt zu lösen, um Stabilität und Harmonie in der Beziehung zu erhalten.

■ Gehen Sie unbequeme Themen mit offenen Fragen (wie? was? wo? wann?) ohne Umwege an.

■ Fragen Sie danach, was „S“ an Unterstützung braucht, um den Konflikt vernünftig und effektiv zu lösen.

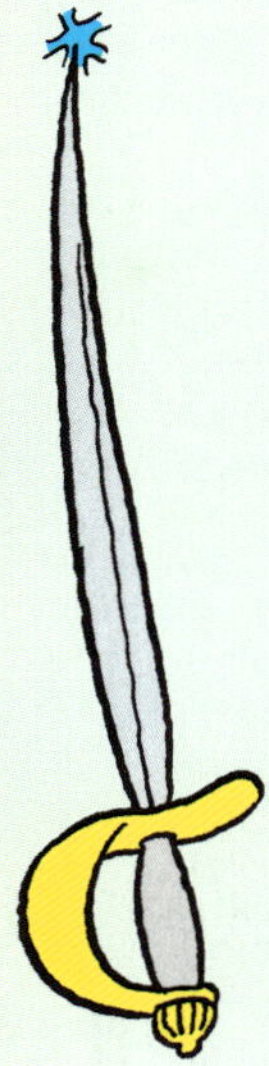

G

„G“ zieht sich zunächst vom offenen Konflikt zurück, verteidigt sich dann aber doch oder kann aggressiv werden.

■ Sprechen Sie bei „G“ das Problem ruhig bzw. logisch an, und belegen Sie es mit Zahlen, Daten, Fakten; führen Sie eine spezielle Situation als Beispiel an.

■ Fragen Sie „G“, was er braucht, um den Konflikt so zu lösen, daß jeder als Gewinner dasteht.

■ Geben Sie „G“ Zeit, sich über die Situation Gedanken zu machen, und vereinbaren Sie einen Termin für ein Folgegespräch.

Zusammenfassung: Teamarbeit

Erfolg oder Mißerfolg eines Teams werden vom persönlichen Verhaltensstil jedes Mitglieds und von den Interaktionen zwischen den einzelnen Teammitgliedern bestimmt. Vermindern Sie die Reibungsverluste untereinander, und lernen Sie die individuellen Unterschiede in Ihrem Team verstehen, respektieren und schätzen. Entwickeln Sie *Anpassungsfähigkeit,* um Ihr Verhalten an die Bedürfnisse der anderen Teammitglieder anzupassen und dadurch Konflikte zu verhindern (siehe 4. Umsetzung, Seite 116 ff.).

Teamarbeit	**D**	**I**	**S**	**G**
Wert für das Team	richtungweisend, ergreift die Initiative, Motor	stellt Kontakte zu Menschen her, beeinflußt andere	arbeitet kontinuierlich, spezialisiertes Arbeiten, schafft Beziehungen	konzentriert sich auf Details
Stärken	ziel- und ergebnisorientiert, ausdauernd, löst Probleme schnell	Begeisterung, motiviert und gewinnt andere, setzt sich ein	kann mit anderen gut umgehen, gutes Teammitglied	gründlich, ausdauernd, analysiert alle Daten mit Präzision
mögliche Schwächen	unsensibel gegenüber Gefühlen anderer; ungeduldig, autoritär	impulsiv, konzentriert sich ungern auf Fakten und Details	opfert Ergebnisse für harmonische Beziehungen, wird nur ungern initiativ	sehr vorsichtig, zu gründlich, vergißt darüber Termine
motiviert durch	Ergebnisse, Herausforderungen, Taten, Aktionen	Anerkennung, Zustimmung, Beifall, Gesehenwerden	Beziehungen, Anerkennung, Verständnis, Wertschätzung	Qualität, Bestätigung, Dinge „richtig" tun können
Zeitmanagement	Ziel: jetzt, sofort; effiziente Nutzung der Zeit, kommt schnell zum Wesentlichen	Ziel: Zukunft; eilt von einer interessanten Sache zur nächsten	Ziel: Gegenwart; Zeit für persönliche Beziehungen auf Kosten der Aufgabe	Ziel: Vergangenheit; arbeitet langsam, um Genauigkeit zu erreichen
Kommunikation	einseitig, kein guter Zuhörer; kann Gespräche in Gang bringen	enthusiastisch, anregend, mitreißend, oft einseitig, kann andere inspirieren	kommuniziert in beide Richtungen, guter Zuhörer	guter Zuhörer, besonders bei Sachgesprächen, kann „zwischen den Zeilen" lesen
emotionale Reaktion	distanziert, unabhängig	Höhen und Tiefen, begeisterungsfähig	warm, freundlich	sensibel, vorsichtig
Entscheidungsfindung	impulsiv; hat immer das Ziel vor Augen	intuitiv, schnell, spontan, viele Gewinne und Verluste	nach Rücksprache, langsam, bespricht sich mit anderen	weicht Entscheidungen aus, zögernd, gründlich, braucht genaue Informationen, Fakten
Verhalten unter Druck	beherrschend, autoritär	angreifend	nachgebend	ausweichend
wäre effektiver durch	Zuhören	sich eine Denkpause gönnen	die Initiative ergreifen, positiver auf Änderungen reagieren	die eigenen Vorstellungen anderen mitteilen

Persönlichkeit und Verkauf: Kommunikation mit Kunden

Verkaufen ist sehr viel mehr als der perfekte Vertragsabschluß zwischen einem versierten Außendienst-Mitarbeiter und seinem Gegenüber auf der Einkäuferseite. *Verkaufen* ist ein einzigartiger zwischenmenschlicher Prozeß, der *jeden* betrifft - im Grunde genommen sogar jeden Tag:

- Sie haben bei Baimler Denz eine drahtlose Fernsteuerung für die Handbremse entwickelt und wollen dem zuständigen Innovationsausschuß *„verkaufen"*, daß Ihre Entwicklung für die neue „DISG"-Klasse in Serienproduktion übernommen wird.
- Sie wollen Ihrer Familie *„verkaufen"*, statt wie jedes Jahr mit dem ITU-Klipper nach Mallorca zu jetten, gemeinsame Reiterferien in Ungarn zu verbringen.
- Sie wollen Ihrem Chef eine Gehaltserhöhung für sich *„verkaufen"*, obwohl in diesem Jahr für alle eine Nullrunde vorgesehen ist.
- Sie wollen einer Politesse bzw. Hilfspolizistin *„verkaufen"*, daß Sie nur ganz schnell etwas aus der Apotheke für Ihren kranken „Hasen" geholt haben und jetzt bitte, bitte nicht aufgeschrieben werden möchten.
- etc. etc. etc.

Das Leben besteht zu einem großen Teil aus *Verkaufen* und basiert dabei auf effektiver *Kommunikation* und *Interaktion*. Es kann aus Gründen scheitern, die wenig mit dem Produkt, der Dienstleistung oder Ihrem Anliegen zu tun haben. Wenn Ihr Verkaufs- bzw. Verhaltensstil keinen Anklang im Kauf- bzw. Verhaltensstil des Kunden oder Adressaten findet, werden die Vorteile dessen, was Sie verkaufen wollen, kaum noch wahrgenommen.

Die Ursache hierfür liegt meistens darin, daß hier *unterschiedliche* Persönlichkeits-Typen aufeinandergetroffen sind. Unsere Ausführungen und Übersichten zeigen Ihnen, wie Sie angenehme Beziehungen zu potentiellen Kunden oder Gesprächspartnern aufbauen können und damit die Effektivität „Ihres" Verkaufens verbessern.

Kauf- bzw. Verhaltensstil der Kunden erkennen – siehe Seite 84-86

↓

Anpassungsfähigkeit entwickeln – siehe Seite 87

↓

Verkaufsstrategie festlegen, um auf den Kunden richtig einzugehen – siehe Seite 88

Wie funktioniert erfolgreiches Verkaufen?

„Alles und alles für den Kunden."
IBM-Leitlinie

Jeder Kunde ist einzigartig und hat einen bevorzugten Verhaltensstil im Geschäftsleben. Wir selbst fühlen uns beim Verkaufen am wohlsten, wenn wir unseren eigenen *Verkaufs- bzw. Verhaltensstil* anwenden können. Dieser wirkt jedoch nicht bei allen Kunden gleich. Bei manchen entstehen sogar Spannungen und Unwohlsein.

Anpassungsfähigkeit im Verkaufsverhalten ist keine natürliche, sondern eine erlernbare Fähigkeit. Wenn Sie auf den Verhaltensstil und damit auf die Bedürfnisse Ihres Kunden eingehen, entspannt sich die Verkaufssituation, und der potentielle Verkaufserfolg steigt. Ein weiterer Faktor für die optimale *Kundenzufriedenheit* ist Ihre persönliche *Fachkompetenz:*

Sie sollten Ihre Anpassungsfähigkeit auf Menschen konzentrieren, die anders sind als Sie.

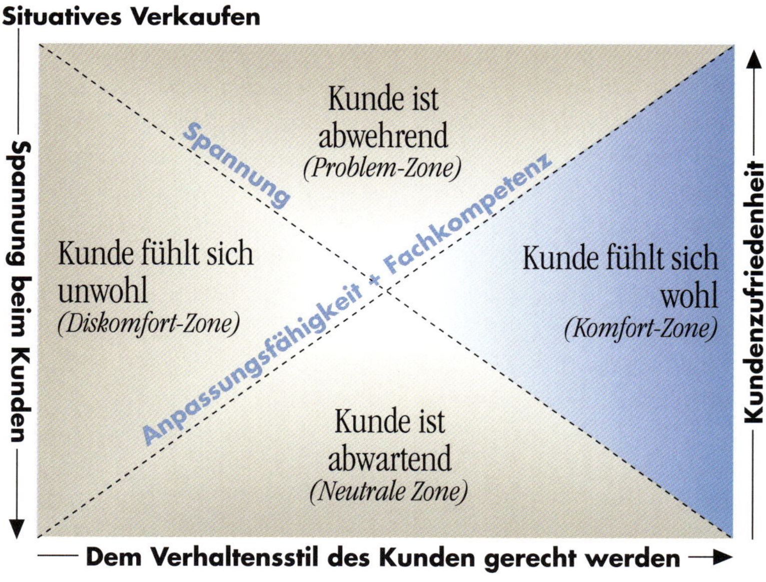

- Sie können eine angenehme Atmosphäre und hohe Kundenzufriedenheit in Verkaufsgesprächen erreichen, wenn Sie Ihren Verkaufsstil an den Kaufstil des Kunden anpassen und Ihre Fachkompetenz kundengerecht einbringen (Wohlfühl- oder *Komfort-Zone)*.
- Wenn Sie mit Ihrem bevorzugten Verhaltensstil dem Kunden nicht gerecht werden, erzeugen Sie zunächst hohe Spannungen (*Diskomfort-Zone).*
- Wenn Sie Ihre Fachkompetenz oder Anpassungsfähigkeit übertreiben bzw. zu wenig einsetzen, reagiert der Kunde abwehrend *(Problem-Zone)* bzw. abwartend *(Neutrale Zone).*

Die Verbesserung Ihrer *Anpassungsfähigkeit* ist um so wichtiger, je mehr sich Ihr Verhaltensstil von dem Ihres Kunden unterscheidet.

Wie schaffen Sie angenehme Beziehungen im Verkauf?

Wir kommen zunächst – bewußt oder unbewußt – mit den Kunden oder Adressaten am besten zurecht, die uns in ihrem Verhaltensstil relativ *ähnlich* sind. Beide Seiten fühlen sich in ähnlichen Situationen wohl, und hier haben Sie auch den meisten Erfolg. Wenn Sie sich jedoch nur auf diese Zielgruppe konzentrieren, schränken Sie Ihre Erfolgs- und Verkaufsaussichten ernsthaft ein, weil Sie auf zu viele „andersartige“ potentielle Kunden verzichten.

Flexibilität und *Anpassungsfähigkeit* in unserem Verhaltens- bzw. Verkaufsstil sind gefragt. Wenn Sie Ihre Verkaufserfolge steigern wollen, sollten Sie positive Beziehungen zu Ihren Kunden aufbauen, auch wenn Sie es als schwierig empfinden, mit jemandem zu tun zu haben, der so ganz *anders* ist.

„Tun Sie etwas für Ihre Organisation, indem Sie etwas für sich selbst und für andere tun.“

Credo für den Verkauf

Übung zur Bestimmung der „Wohlfühl"-Situation

Schätzen Sie einmal, wie sehr sich Menschen mit den nachfolgenden Verhaltenstendenzen in Verkaufsgesprächen miteinander wohlfühlen („Comfort Zone“), wenn sie sich ganz normal und zwanglos geben. Verwenden Sie dazu Ihre bisherigen Erfahrungen aus dem „1x1“-Buch; schlagen Sie gegebenenfalls noch einmal nach:

Kreuzen Sie jeweils an, ob die beiden Stile

- **hoch (h) oder**
- **mittel (m) oder**
- **gering (g)**

miteinander harmonieren.

Musterlösung (in Spiegelschrift!)

Für jede richtige Antwort erhalten Sie 1 Punkt.

Verhaltens-stile	Wohlfühl -Zone		
1. D und D	h	m	g
2. D und I	h	m	g
3. D und S	h	m	g
4. D und G	h	m	g
5. I und I	h	m	g

Verhaltens-stile	Wohlfühl -Zone		
6. I und S	h	m	g
7. I und G	h	m	g
8. S und S	h	m	g
9. S und G	h	m	g
10. G und G	h	m	g

1. m-h
2. m
3. g
4. g-m
5. h
6. m
7. g
8. h
9. m
10. m-h

Auswertung:

Beträgt Ihr „1x1“-WQ (Wohlfühl-Quotient)

- unter 3 Punkte: Bitte die vier Verhaltensstile (S. 22-33) noch einmal durcharbeiten!
- 4-6 Punkte: Gut, Sie können sich auf andere einstellen.
- 8-10 Punkte: Spitze, Sie können zwischenmenschliche Prozesse sehr gut abschätzen!

Summe:

Ihr persönlicher „1x1“-WQ

Der „dominante" Kunde

„Ich überlege, mein Bauch entscheidet."
Max Grundig

Dominante Kunden treten oft stark auf und testen hin und wieder die Reaktion des Verkäufers, indem sie im Verkaufsgespräch relativ früh Druck auf ihr Gegenüber ausüben. „D"-Käufer verspäten sich schon mal und wirken bei der ersten Besprechung manchmal unhöflich. „D"-Kunden neigen dazu, während des Verkaufsgesprächs den anderen zu unterbrechen, Briefe zu lesen, Anweisungen zu geben etc.

„D"-Kunden wollen, daß Verkäufer direkt zur Sache kommen, und sind in der Regel an neuen Produkten interessiert, mit denen sie ihre Aufgaben schneller, billiger und besser lösen können. Sie lieben es, zwischen Alternativen zu wählen, und wollen ihre Entscheidungen dann treffen, wenn es ihnen paßt. „D"-Kunden sind ungeduldig und typische Impuls-Käufer. Sie geben sich häufig „hemdsärmelig".

Wie Sie mit einem „D"-Kunden kommunizieren

Was Sie *tun* sollten:

- Geben Sie direkte Antworten, kurz und prägnant.
- Sagen Sie, WAS getan werden soll, nicht WARUM.
- Betonen Sie die Ergebnisse.
- Bieten Sie Alternativen und Wahlmöglichkeiten.
- Betonen Sie die Logik der Ideen und Vorgehensweisen.
- Stimmen Sie seinen Standpunkten zu, nicht nur ihm als Person.
- Vermeiden Sie es, draufloszureden.
- Fassen Sie das Ergebnis kurz zusammen, kommen Sie zum Ende.

Was Sie *vermeiden* sollten:

- Unentschlossenheit vermitteln.
- Problemorientierte Einstellung.
- Überbetonte Freundlichkeit.
- Verallgemeinerungen.
- Präsentation zu vieler Details.
- Wiederholungen, zuviel reden.
- Nicht belegbare Aussagen.
- Entscheidungen für den „D"-Kunden treffen wollen.

Kunden-Erwartungen

„D"-Kunden erwarten ein geschäftsmäßiges, selbstsicheres Auftreten und einen effizienten Umgang mit der Zeit. Sie möchten sehen, daß es vorwärts geht, und rechnen damit, frühzeitig mit klaren Fakten versorgt zu werden.

„D"-Kunden erwarten, daß ihre spezifischen Probleme besser gelöst werden. Sie wollen wissen, *WAS* sie damit konkret erreichen können. „D"-Kunden scheuen sich nicht, Risiken einzugehen (z. B. Prototypen), wollen aber vorher darauf hingewiesen werden.

Der „initiative" Kunde

*„Wer kaufen will,
was er sieht,
muß verkaufen,
was er hat."*
Sprichwort

Initiative Kunden haben häufig Urkunden, Plakate oder Fotos an den Wänden. Sie sind freundliche, menschenorientierte Leute, die gewöhnlich lieber reden als zuhören. Kunden mit einem hohen „I" freuen sich, wenn sie beim Verkäufer ankommen, und erzählen schon mal die neuesten Witze und Geschichten, die mit dem Geschäftlichen nichts zu tun haben.

„I"-Kunden reden viel über sich selbst, unterbrechen den Verkäufer und schweifen vom Thema ab. Sie sind aber in der Regel begeistert und offen, besonders wenn Ihr Produkt innovativ oder modern ist und einen gewissen Status verleiht. „I"-Kunden sind gut gekleidet und gewöhnlich modisch up-to-date.

Wie Sie mit einem „I"-Kunden kommunizieren

Was Sie *tun* sollten:

- Betonen Sie das Neue, das Besondere, das Ungewöhnliche.
- Zeigen Sie Ihre Fähigkeiten, sich auszudrücken.
- Betonen Sie Referenzen von Experten und Meinungsbildnern.
- Geben Sie im Verkaufsgespräch Gelegenheit zum Geben und Nehmen.
- Vermeiden Sie es, das Gespräch zu beherrschen.
- Seien Sie offen, freundlich, herzlich.
- Strahlen Sie Begeisterung aus.
- Hören Sie aufmerksam zu.
- Verwenden Sie einige Zeit darauf, eine Beziehung herzustellen.

Was Sie *vermeiden* sollten:

- Soziales nicht gebührend beachten.
- Andauernd und zu viel sprechen.
- Vorschläge und Unterbrechungen zurückweisen.
- Kurz, kalt und verschlossen sein.
- Von oben herab sprechen.
- Sich zu weit vom Kurs abbringen lassen.

Kunden-Erwartungen

„I"-Kunden erwarten viel Verständnis und einen lockeren Umgang mit der Zeit. Sie sehen nicht auf die Uhr und erwarten diese Einstellung auch von Ihnen. Sobald sie innerlich eine Entscheidung getroffen haben, geht es bei „I" sehr schnell.

Kunden mit hohem „I" möchten wissen, *MIT WEM* sie es zu tun haben, wie Sie über Ihre Produkte denken und fühlen. Sie wollen persönlich unterstützt werden und schätzen positive Rückmeldungen, die ihnen helfen, eine persönliche Beziehung zu pflegen.

Der „stetige" Kunde

„Wer sichere Schritte tun will, muß langsam gehen."
Johann Wolfgang von Goethe

Stetige Kunden haben gewöhnlich Bilder an der Bürowand und – falls üblich – ein ordnungsgemäßes Namensschild an der Tür oder auf dem Schreibtisch – oder beides. Auch wenn „S"-Kunden ein lässiges und gut aussehendes Erscheinungsbild haben, sind sie sicherheitsbewußt und besitzwahrend. Sie lehnen plötzliche Veränderungen ab und bevorzugen bewährte, herkömmliche Vorgehensweisen.

Nach einer gewissen Zeit, wenn sie ihre anfängliche Scheu abgelegt haben, werden „S"-Kunden aufrichtig, offen, freundlich und beziehungsorientiert sein. Sie müssen Ihnen aber vertrauen können. Sie können „S"-Kunden nicht nach ihrem äußeren Eindruck bewerten. Die Kleidung kann zwischen schlampig oder altmodisch bis hin zu gestylt schwanken.

Wie Sie mit einem „S"-Kunden kommunizieren

Was Sie *tun* sollten:

- Seien Sie geduldig, wenn es darum geht, die Ziele des Kunden herauszufinden.
- Heben Sie hervor, wie eine überlegte Vorgehensweise Schritt für Schritt zum Ziel führen wird.
- Sprechen Sie über Service und Verläßlichkeit.
- Hören Sie aufmerksam zu.
- Seien Sie aufrichtig, offen, ehrlich.
- Sprechen Sie leise und entspannt.

Was Sie *vermeiden* sollten:

- Zu direkt sein.
- Zu forsch vorangehen oder fordernd wirken.
- Zu sehr aufs Tempo drücken.
- Zu viele Details auslassen.
- In Ihren Gedankengängen abrupt springen.

Kunden-Erwartungen

„S"-Kunden erwarten von Ihnen, daß Sie sich Zeit nehmen und sowohl für Persönliches als auch Geschäftliches ansprechbar sind. Sie möchten in langsamen, wohlüberlegten Schritten vorankommen.

„S"-Kunden wollen in der Beratung erfahren, warum Sie die beste Lösung für ihr Problem haben und *WIE* später im einzelnen vorgegangen werden muß. Sie brauchen Garantien und Zusicherungen, da sie Risiken scheuen und Entscheidungen vorsichtig treffen.

Der „gewissenhafte" Kunde

„Sicher ist, daß nichts sicher ist."
Karl Valentin

Gewissenhafte Kunden arbeiten in sauberen, ordentlichen Büros; ihr Schreibtisch dürfte aufgeräumt sein. „G"-Käufer sind pünktlich, auf den Besuch des Verkäufers bestens vorbereitet und haben das vorab erhaltene Material genau gelesen. Sie bevorzugen eine geschäftsmäßige, sachliche Beziehung und schätzen den nachweisbaren, aufgezeigten Nutzen sowie ein logisches und präzises, aber nicht gehetztes Vorgehen.

Der „G"-Kunde wird ein exaktes, zurückhaltendes Verhalten an den Tag legen, aber höflich und diplomatisch sein. Dennoch kann der „G"-Kunde gegenüber Ihren Produkten skeptisch sein. Er ist nicht ohne weiteres bereit, neue Produkte auszuprobieren. „G"-Kunden stellen meist ein konservatives und unaufdringliches Erscheinungsbild dar und wollen durch ihre Kleidung keine Aufmerksamkeit erregen.

Wie Sie mit einem „G"-Kunden kommunizieren

Was Sie *tun* sollten:

- Verwenden Sie vergleichendes Datenmaterial.
- Berufen Sie sich auf logische, ersichtliche Fakten und Vorteile.
- Konzentrieren Sie sich auf Einzelheiten, bleiben Sie dabei.
- Halten Sie alle Fakten bereit .
- Seien Sie gut organisiert.
- Halten Sie für Entscheidungen schriftliche Unterlagen bereit.
- Appellieren Sie an sein Interesse für Forschung, Statistiken etc.
- Geben Sie detaillierte Antworten.
- Klären Sie Einwände gründlich.
- Betonen Sie Qualität, Verläßlichkeit und Sicherheit.

Was Sie *vermeiden* sollten:

- Ungenau oder lässig sein, besonders wenn Sie Fragen beantworten.
- Zu schnell zum Abschluß kommen.
- Über Persönliches und Familiäres sprechen, bevor Sie ihn kennen.
- Schulterklopfen oder zu persönliche Gesten oder Verhaltensweisen.
- Zu laut sprechen oder bedrohen.
- Schmeicheln, überreden, beschwatzen.

Kunden-Erwartungen

„G"-Kunden erwarten, daß Sie Ihre Produkte in einem solchen Tempo präsentieren, daß sie ihre wichtigsten Punkte genau nachvollziehen können. Sie rechnen damit, daß sie alle Fakten oder Unterlagen, die Sie zur Verfügung haben, ebenfalls erhalten.

„G"-Kunden benötigen Zeit, um alle Informationen und das *WARUM* zu durchdenken, bevor sie eine Entscheidung treffen. Sie schätzen Zusicherungen und Garantien, die sie absichern, falls doch mal etwas schiefgehen sollte.

Welche typischen Fragen ...

„Oft ist es kürzer und nützlicher, sich in andre zu schicken, als danach zu streben, daß andere sich nach uns richten.“
La Bruyère

Kunden fragen viel – und das ist gut so. Wenn Sie in Verkaufssituationen genau hinhören, was und wie Kunden fragen, können Sie die Verhaltensstile bereits recht gut identifizieren. Hier nun einige typische Fragen, die D- und I-Kunden häufig zu Produkten oder dem Service stellen:

D

- Was bringt es unter dem Strich?
- Funktioniert es sofort?
- Was kostet es?
- Wieviel können Sie überhaupt liefern?
- Bringt es Ergebnisse?
- Wird es auch das leisten, was Sie sagen?
- Wie wird mich dieses Produkt bei meinen Jahreszielen unterstützen?
- Wie hoch ist der Wert?
- Wie sieht Ihre Unternehmensbilanz aus?
- Seit wann verkaufen Sie das?
- Wissen Sie genau, von was Sie reden?
- Wieviel haben Sie davon schon verkauft?
- Wie schnell kann ich es bekommen?
- Was wird es meinem Unternehmen bringen?
- Ist es wirklich das Beste, was Sie im Angebot haben?
- Wie schnell kann es in Betrieb genommen werden?
- Ist das Produkt auf dem neuesten Stand?
- Was werden Sie unternehmen, wenn es nicht geht, damit es funktioniert?
- Wie schnell ist Ihr Kundendienst vor Ort?

I

- Möchten Sie sich setzen, damit wir das besprechen können? Kaffee gefällig?
- Können Sie mir ein bißchen von sich und Ihrem Unternehmen erzählen?
- Welche Prämien und Anreize kann man bekommen?
- Können Sie mir einen Spezialpreis machen?
- Der Kauf begeistert mich! Haben Sie gestern das Tennis-Endspiel gesehen?
- Werden meine Vorgesetzten diesem Kauf zustimmen?
- Wird es den Menschen helfen, mit denen ich zusammenarbeite?
- Wer benutzt das Produkt sonst noch?
- Was sagen andere über das Produkt?
- Warum ist dies das Beste, das man kriegen kann?
- Wird das Programm so zum erstenmal eingesetzt?
- Ist das Ihr Bestseller?
- Wann kann ich meinen Chef informieren, daß das Produkt da ist?
- Wann kann ich sagen, daß es in Betrieb ist?
- Ist dies das Neueste auf dem Markt?
- Wird dieses Produkt auch von anderen gut aufgenommen? Von wem?
- Sind Sie derjenige, an den ich mich wenden muß, wenn etwas schiefgeht?

Was...

... sind die Alternativen?
... sind die Erfolgsaussichten?
... für Ergebnisse bekomme ich?

Wer...

... sind Sie denn?
... kennt Sie denn so?
... benutzt denn Ihre Produkte?

... stellen meine Kunden-Typen?

Hier nun typische Fragen, die **S**- und **G**-Kunden häufig zu Produkten oder dem Service stellen:

„Man erkennt niemanden an als den, der uns nützt."
Johann Wolfgang von Goethe

S

- Warum sollte ich wechseln? Ich kaufe schon jahrelang bei DISG und wurde immer gut bedient! (Neukunde)
- Wie hoch ist der Preis? Ich kaufe schon sehr lange aufgrund Ihrer Empfehlung! (Stammkunde)
- Warum haben Sie Ihre Leistung verändert? Ich hatte mich gerade daran gewöhnt. (Altkunde)
- Kann ich noch die alte Version bekommen?
- Wenn ich heute bestelle, können Sie mir zusagen, in drei Monaten zu liefern?
- Könnten Sie mich in einer Woche anrufen? Ich möchte das Ganze mit einigen Leuten im Hause besprechen.
- Seit wann ist das Produkt auf dem Markt?
- Ist dies Ihr zuverlässigstes Produkt?
- Wie schnell können unsere Leute damit umgehen?
- Gab es damit schon mal Schwierigkeiten?
- Was mache ich, wenn etwas schiefgeht?
- Wird dies unsere bisherigen Abläufe in der Firma durcheinanderbringen?
- Könnten Sie an einer Teamsitzung teilnehmen, um das Produkt zu erklären?
- Hat das neue Produkt dieselbe Qualität wie das alte Produkt?
- Wieviel kostet es? Wer empfiehlt es?
- Wie kann ich unsere Mitarbeiter am besten an das Produkt heranführen?

G

- Wer hat das Produkt bisher benutzt (oder getestet)?
- Können Sie mir das noch etwas genauer erklären? Ich verstehe noch nicht, wie das funktioniert.
- Wer ist der Hersteller?
- Wie wird es genau hergestellt?
- Seit wann stellen Sie es her?
- Wie sind die Garantiebedingungen?
- Wer übernimmt die Frachtkosten?
- Wie können Sie mit Sicherheit sagen, daß hier die gleiche Qualität wie beim Vorgängermodell gewährleistet ist?
- Kann ich mal die Testberichte sehen?
- Kann ich noch einmal darüber nachdenken und mich dann bei Ihnen melden?
- Wie bald muß ich mich denn entscheiden? Ich benötige noch etwas Zeit, um Ihre Unterlagen zu studieren!
- Sind Sie ganz genau in der Lage, meine Anforderungen auch zu erfüllen?
- Ist dies das beste Preis-Leistungsverhältnis?
- Wie schnell wird es sich amortisieren?
- Wurde dieses Produkt gründlich getestet?
- Wird es wirklich „richtig" funktionieren?
- Wenn es nicht funktioniert, wie bekomme ich dann mein Geld zurück?
- Können Sie mir ein schriftliches Angebot zukommen lassen?

Wie...

... kann es meine Erwartungen erfüllen?
... kann ich wirklich sicher sein?

Warum...

... ist Ihr Produkt das beste?
... sollte ich umsteigen?
... sollte ich das jetzt tun?

Wie erkenne ich den Verhaltensstil meiner Kunden?

Bestimmen Sie die DISG-Verhaltenstendenzen Ihrer Kunden. Unser *1x1 Kunden-Schnell-Check* hilft Ihnen, das beobachtbare Verhalten Ihrer Kunden leichter einzuschätzen. Kreuzen Sie in jeder Zeile jeweils nur eine vorherrschende Verhaltenstendenz an, und ermitteln Sie den bevorzugten Verhaltensstil:

Kopieren Sie diese Checkliste, kreuzen Sie bei jeder Frage nur *eine* Verhaltenstendenz an, und zählen Sie die 10 (!) Kreuzchen spaltenweise zusammen.

Auswertung:
Die Spalte – von oben nach unten – (D, I, S oder G) mit den meisten Kreuzchen zeigt die vermutliche Verhaltenstendenz Ihres Kunden.

1. Wenn diese Person spricht, wirkt sie ...

☐ selbstbewußt	☐ laut	☐ verhalten	☐ emotionslos

2. Wenn diese Person zuhört, verhält sie sich ...

☐ eher ungeduldig und unterbricht andere	☐ freundlich, optimistisch; unterbricht oft, bringt immer wieder eigene Beiträge ein	☐ ruhig und ist ein geduldiger Zuhörer	☐ als guter Zuhörer und gibt diplomatische Antworten

3. Wenn diese Person Fragen stellt, geht es ...

☐ hauptsächlich um das Wesentliche	☐ oft um eigene und die Gefühle anderer	☐ meistens um „Wie"-Fragen	☐ meistens um weitere bzw. tiefergehende Informationen

4. Bei längeren Besprechungen diskutiert diese Person ...

☐ ausdauernd und hart	☐ lebhaft und emotional	☐ ausgleichend und entgegenkommend	☐ diszipliniert und sorgfältig

5. Mit Personen aus ihrem eigenen Umfeld spricht diese Person ...

☐ knapp und entschlossen	☐ offen, temperamentvoll und unbeschwert	☐ ausgeglichen und rücksichtsvoll	☐ diplomatisch und sorgfältig

6. Wenn Sie die Gestik und Mimik dieser Person beobachten, sehen Sie, daß sie ...

☐ sich viel bewegt	☐ viel mit den Händen gestikuliert	☐ freundlichen Augenkontakt mit Ihnen bewahrt	☐ in ihrer Ausdrucksweise eher zurückhaltend ist

7. Wenn Sie beobachten, wie diese Person mit anderen umgeht, merken Sie, daß ...

☐ sie versucht, die Führung zu übernehmen oder das Sagen zu haben	☐ sie ihre Gefühle offen zum Ausdruck bringt und schnell Kontakt findet	☐ sie sehr freundlich und nett ist	☐ sie viel beobachtet, zuhört, ohne die anderen zu unterbrechen

8. Wenn diese Person mit Schwierigkeiten konfrontiert wird, reagiert sie ...

☐ unter Umständen schnell aggressiv und sucht Schuldige	☐ extrovertiert und will wissen, ob etwas davon auf sie zurückfallen könnte	☐ verunsichert und versucht, wieder eine stabile Situation herzustellen	☐ eher ängstlich und versucht, die Auswirkungen der Probleme zu analysieren

9. Wenn diese Person zu Menschen/Ereignissen befragt wird, verhält sie sich ...

☐ unruhig	☐ begeisternd	☐ entspannt	☐ distanziert

10. Wenn auf diese Person neue Aufgaben zukommen, dann ...

☐ kommt sie rasch zu einer Lösung	☐ bevorzugt sie spontane Lösungen	☐ ist sie sehr kooperativ und bereitwillig	☐ ist sie eher vorsichtig und nachfragend

Ergebnis Summen

☐ D	☐ I	☐ S	☐ G

Wie verhalte ich mich effektiv gegenüber meinen Kunden?

Nachdem Sie den Kauf- bzw. Verhaltensstil Ihres D-, I-, S- oder G-Kunden erkannt haben (siehe Seiten 84-86), erhalten Sie nun verschiedene Verhaltensstrategien, je nachdem, ob Sie selbst ein D-, I-, S- oder G-Typ sind:

„D"- Kunde	„I"- Kunde	„S"- Kunde	„G"- Kunde	Verhaltensstrategien
■ Seien Sie einfach ganz Sie selbst. Verhalten Sie sich nicht anmaßend. Es kann nur einen Platzhirsch geben, und das ist der hohe „D"-Kunde.	■ Seien Sie etwas freundlicher als gewöhnlich. Seien Sie offener, plaudern Sie etwas mehr, als Sie das normalerweise tun.	■ Seien Sie etwas langsamer und weniger forsch. Das hohe „S" könnte durch Ihre starke Persönlichkeit eingeschüchtert werden. Geben Sie Zusicherungen und Details weiter. Erlauben Sie „S", Informationen zu verdauen.	■ Geben Sie umfangreiche Beweise und Fakten. Beantworten Sie alle Einwände sorgfältig. Werden Sie nicht fordernd oder vorschnell.	**wenn Sie (als Verkäufer) ein hohes „D" haben**
■ Plaudern Sie nicht, und verkneifen Sie sich die neuesten Witze. Verhalten Sie sich geschäftsmäßig, und verschwenden Sie keine Zeit. Betonen Sie Ergebnisse.	■ Denken Sie daran, auch zum Abschluß (Kauf) zu kommen oder nach der Bestellung zu fragen.	■ Seien Sie nicht zu freundschaftlich, bevor Sie das Vertrauen erworben haben. Geben Sie umfangreiche Informationen, nennen Sie Fakten, und lassen Sie „S" Zeit zur Entscheidung.	■ Seien Sie nicht gesellig. Geben Sie umfangreiche Informationen, Zahlen und Belege. Beantworten Sie Fragen vollständig und sorgfältig. Verschwenden Sie keine Zeit. Machen Sie Ihre Hausaufgaben vorher.	**wenn Sie (als Verkäufer) ein hohes „I" haben**
■ Versuchen Sie, selbstbewußter und zuversichtlicher bei Ihrem Verkaufsangebot zu sein. Lassen Sie sich nicht durch ein willensstarkes hohes „D" einschüchtern.	■ Vielleicht mögen Sie den überfreundlichen „I" nicht, besonders wenn er/ sie ein Zeitverschwender ist. Trotzdem werden Sie gut mit „I" auskommen. Lassen Sie das „hohe I" reden, und behalten Sie den Gesprächsverlauf unter Kontrolle.	■ Geben Sie Zusicherungen. Vergessen Sie nicht, einen Abschluß zu tätigen.	■ Lassen Sie sich von den Widersprüchen und der Skepsis des „G" nicht verunsichern. Ein behutsames Vorgehen ist für den hohen „G" eher ansprechend.	**wenn Sie (als Verkäufer) ein hohes „S" haben**
■ Überschütten Sie „D" nicht mit all Ihren Zahlen und Fakten. Betonen Sie das Wichtigste, wobei Sie sich vor allem auf Ergebnisse und das Erreichen von Zielen konzentrieren.	■ Widerstehen Sie Ihrem Drang, „I" alle Fakten vorzulegen. Seien Sie offen, auch etwas zu plaudern. Zeigen Sie Begeisterung.	■ Reden Sie nicht zu schnell. Geben Sie „S" Zeit, Fakten zu verdauen. Seien Sie nicht zu geschäftsmäßig und sachlich. Lassen Sie „S" auch von seinem privaten Umfeld oder seiner Familie erzählen.	■ Sie verstehen sich blendend. Das hohe „G" wird Ihre Gründlichkeit und Vorgehensweise schätzen.	**wenn Sie (als Verkäufer) ein hohes „G" haben**

Welche Verkaufsstrategie wähle ich für meine Kunden?

Planen Sie in *sieben Schritten* Ihren nächsten Verkaufsvorgang. Empfehlen Sie Ihre Produkte oder Dienstleistungen so, daß Sie dem Verhaltensstil und damit den *Bedürfnissen* Ihres Kunden gerecht werden.

Verkauf	„D"- Kunde	„I"- Kunde	„S"- Kunde	„G"- Kunde
Planung Machen Sie sich klar, daß...	... Ihr „D"-Kunde gerne bestimmen und die Kontrolle über alles behalten will.	... „I" Ihre Leistungen danach prüft, wie sein/e Einfluß und Anerkennung bei anderen steigt.	... „S" zunächst versucht, den Status quo zu erhalten und trotzdem alles zu verbessern.	... „G" schriftliche Unterlagen über Ihr Leistungsangebot benötigt. Seien Sie logisch, genau.
Einstieg Wie Sie ein gutes Klima erzeugen	Begrenzen Sie „soziales Blabla" (kurzes Warming-up). Kommen Sie schnell zur Sache. Beziehen Sie sich auf das Ziel und die Ergebnisse.	Geben Sie sich locker und freundlich. Sprechen Sie „I" emotional an, und erfüllen Sie seine Erwartungen für die Zusammenarbeit.	Beginnen Sie ungezwungen, lassen Sie keinerlei Zeit- oder Entscheidungsdruck aufkommen, geben Sie schrittweise Informationen.	Kommen Sie schnell, aber taktvoll zur Sache. Drängen Sie nicht in den Kompetenzbereich von „G" hinein. Lassen Sie ihn Experte sein.
Fragen stellen und beantworten	*Ergebnisorientiert.* Stellen Sie direkte Fragen, um sicherzugehen, welche Resultate „D" erzielen möchte. Erwarten Sie „*Was*"-Fragen.	*Begeistert.* Stellen Sie offene Fragen, um die Kaufmotive von „I" zu ermitteln. Erwarten Sie „*Wer*"- Fragen.	*Ehrlich.* Zeigen Sie durch Ihre Fragen, welches Interesse Sie an den Aufgaben und Beziehungen von „S" haben. Erwarten Sie „*Wie*"- Fragen.	*Sachlich.* Stellen Sie Fragen, die „G" ermutigen, seine Kenntnisse, Methoden und Bedenken zum Ausdruck zu bringen. Erwarten Sie „*Warum*"-Fragen.
Vorzüge präsentieren	Betonen Sie - Effizienz, - Ersparnisse, - Gewinne.	Betonen Sie, wie „I" zum Erfolg kommen und bei anderen gut dastehen kann.	Betonen Sie, wie „S" ein harmonisches und stabiles, sicheres Umfeld behält.	Betonen Sie die - Richtigkeit, - Logik und - Qualität Ihrer Lösung.
Auf Einwände eingehen	Akzeptieren Sie „D's" direkte Art, Ihnen Feedback zu geben. Zeigen Sie deutlich Ihr Interesse, für „D" noch bessere Ergebnisse erreichen zu wollen.	Zeigen Sie Verständnis für „I's" Gefühle und Zweifel. Legen Sie Testimonials von erfolgreichen Referenzgebern oder Prominenten vor.	Zeigen Sie Interesse für „S's" Gefühle. Bieten Sie dauerhafte Unterstützung an. Möglicherweise müssen Sie nach den wirklichen Einwänden forschen.	Liefern Sie Informationen zu den brennendsten Fragen. Bleiben Sie sachlich, beruhigen Sie „G" mit logischen Beweisen; gestatten Sie „G", sich rückzuversichern.
Zum Abschluß kommen	Bieten Sie „D" mehrere Alternativen an. Lassen Sie „D" die Entscheidungen treffen. Kommen Sie schnell und direkt zu einem Abschluß.	Geben Sie sich optimistisch. Liefern Sie „I" Ideen, was er unternehmen und in Angriff nehmen soll. Gehen Sie davon aus, daß Ihr Angebot angenommen wird.	Sichern Sie die Entscheidung von „S" ab, indem Sie mit ihm jeden Schritt durchgehen. Lassen Sie sich alles bestätigen, und kommen Sie zum Auftrag, ohne zu drängen.	Akzeptieren Sie die logische Vorgehensweise von „G". Klären Sie die Prioritäten ab, und kündigen Sie nach angemessener Bedenkzeit ein Vertragsgespräch an.
Nachbetreuung, Service Was Ihre Kunden erwarten	Liefern Sie schnell und pünktlich wie abgemacht. Zeigen Sie „D" auf jeden Fall die mit seiner Kaufentscheidung erreichten Ergebnisse.	Bieten Sie Hilfen und Service an, die „I" Strapazen oder Probleme ersparen. Gehen Sie auf seine Bedürfnisse ein. Bleiben Sie sein persönlicher Ansprechpartner.	Geben Sie „S" durch Ihre persönliche Aufmerksamkeit, Erreichbarkeit und regelmäßige Rückfragen die Stabilität, die „S" zum Wohlfühlen braucht.	Versorgen Sie „G" regelmäßig mit Informationen, welche die Zuverlässigkeit Ihrer Firma und Produkte belegen. Fragen Sie öfters nach seiner Zufriedenheit.

Wie führe ich effektiv Verkäufer?

Abschließend einige Hinweise, wie Sie D-, I-, S- und G-Verkäufer *als Mitarbeiter* effektiv führen und motivieren können, wenn Sie z. B. in einer *Verkaufsorganisation* Verantwortung tragen:

„Das Nützliche ist nicht fern vom Notwendigen."
Chairemon

D

- Bieten Sie „D" Provisionsvergütungen an.
- Schaffen Sie eine Wettbewerbssituation, in der es nur wenige Gewinner geben kann.
- Stellen Sie schwierige Aufgaben, die das logische und analytische Denkvermögen herausfordern.
- Machen Sie hohen „D's" ihre oft anmaßende Haltung gegenüber Kunden bewußt.
- Lassen Sie „D" so viele Freiheiten wie möglich, Dinge verantwortlich zu tun.
- Geben Sie einem hohen „D" zu verstehen, daß es für seine Autorität Grenzen gibt.
- Erlauben Sie einem hohen „D", Dinge beim Namen zu nennen und offen zur Sprache zu bringen.
- Erkennen Sie Erfolge offen und häufig an.
- Dulden Sie es, wenn „D" Kritik äußert.
- Delegieren Sie, wann immer möglich.

I

- Ermutigen Sie hohe „I's", Ziele zu setzen, die Belohnung und Anerkennung bringen.
- Geben Sie „I" Freiheit und Gelegenheit, die „Nummer eins" zu sein.
- Seien Sie mit Anerkennung, Lob großzügig.
- Erörtern Sie Verkaufssituationen offen und ungezwungen.
- Machen Sie Statussymbole und freiwillige Sozialleistungen erreichbar.
- Erlauben Sie dem hohen „I", vor anderen zu sprechen und gehört zu werden.
- Tauschen Sie sich mit „I" über Ideen aus, und geben Sie Ratschläge.
- Pflegen Sie auch die private Ebene.
- Begrenzen Sie die Überwachung auf ein Minimum, um Unabhängigkeit zu fördern.
- Geben Sie klare, allgemeine Anweisungen.
- Motivieren Sie mit emotionalen Appellen.

G

- Ermöglichen Sie einem hohen „G", mit langfristigen Vereinbarungen statt kurzfristigen Wettkämpfen Ziele zu erreichen.
- Bieten Sie „G" Unterstützung an, und seien Sie zugänglich.
- Beschreiben Sie genau, was Sie erwarten.
- Sorgen Sie für Projekte, bei denen Präzision, Organisation und Planung nötig sind.
- Halten Sie sich bereit, entscheidende Schritte zu besprechen und nützliche Ratschläge in stressigen und kritischen Situationen zu geben.
- Lenken Sie Druck von einem hohen" G" ab, wann immer es möglich ist.
- Sorgen Sie für Unterstützung in schwierigen Situationen.
- Sorgen Sie für detaillierte Anweisungen und eine genaue Stellenbeschreibung.
- Ermutigen Sie hohe „Gs", Projekte endgültig abzuschließen.

S

- Entwickeln Sie eine Wettbewerbssituation, bei der jeder etwas gewinnen kann.
- Zeigen Sie Ihr Interesse am hohen „S" sowohl als Umsatzbringer wie auch als Person.
- Erlauben Sie einem hohen „S", in einem planmäßigen und selbstbestimmten Tempo zu arbeiten.
- Sorgen Sie für eine dauerhafte Umgebung, die Beständigkeit, Sicherheit und Gleichmäßigkeit bietet.
- Zeigen Sie „S" aufrichtige Wertschätzung.
- Geben Sie Hilfestellung beim Erreichen von Deadlines.
- Informieren Sie „S" frühzeitig über Veränderungen.
- Drücken Sie „S" Ihre aufrichtige Wertschätzung für seine erbrachte Leistung aus.
- Seien Sie mit „S" geduldig.

Persönlichkeit und Partnerschaft

„Der 'große' geschlechtliche Unterschied ('Gender Gap'): Sie sucht Nähe. Er braucht die Unabhängigkeit."
Duane Storey, Sanford Kulkin, „Body & Soul", 1995

Zeigt die Erfahrung nicht, daß die großen Probleme wie Krankheit, ein abgebranntes Heim oder Ärger mit den Kindern eine Partnerschaft nicht zerstören, sondern sie im Gegenteil zusammenschweißen? Es sind die *kleinen Dinge* des täglichen Lebens, die Beziehungen auseinanderbringen:

- „Wer hat vergessen, die Badezimmertür zuzumachen?"
- „Wer hat schon wieder meine Zeitschriften weggeräumt?"
- „Warum hast du dein nasses Handtuch nicht aufgehängt?"
- „Warum mußtest du schon wieder so viel Geld abheben?"

Wo hat der Volksmund recht: „Gleich und gleich gesellt sich gern" oder „Gegensätze ziehen sich an"? Man wird häufig von den positiven Charakterzügen eines anderen angezogen, die man selbst nicht hat. Erst nach längerem Zusammensein erkennt man die Schwächen, die diesen positiven Charakterzügen gegenüberstehen. Ab diesem Zeitpunkt versuchen viele, den anderen so zu verändern, daß er wie sie selbst wird – was aber nicht funktionieren kann.

Wir vergessen dann, was uns an unserem Partner anfangs so gut gefallen hat, nämlich seine *Unterschiede* zu uns. Wenn wir versuchen, jemanden von außen zu verändern, zerstören wir seine Persönlichkeit bzw. die Beziehung. Wir müssen lernen, ihn so zu akzeptieren, wie er ist. Grundlegend ändern können Sie den anderen für die Dauer Ihrer Beziehung ohnehin nicht!

Die *Gemeinsamkeiten* stabilisieren eine Partnerschaft, bringen aber weniger Abwechslung und Ergänzung. Der Erfolgsgarant für eine gute Partnerschaft ist – wie so oft – die gelungene Mischung aus Unterschiedlichkeit und Gemeinsamkeit. Eine hohe Intimität bringt sehr viel Nähe („Himmel auf Erden"), birgt aber auch die Gefahr hoher Verletzbarkeit („Hölle"). Partnerschaft ist Zusammenarbeit im Team auf höchster Ebene.

Worin sind die Unterschiede begründet?

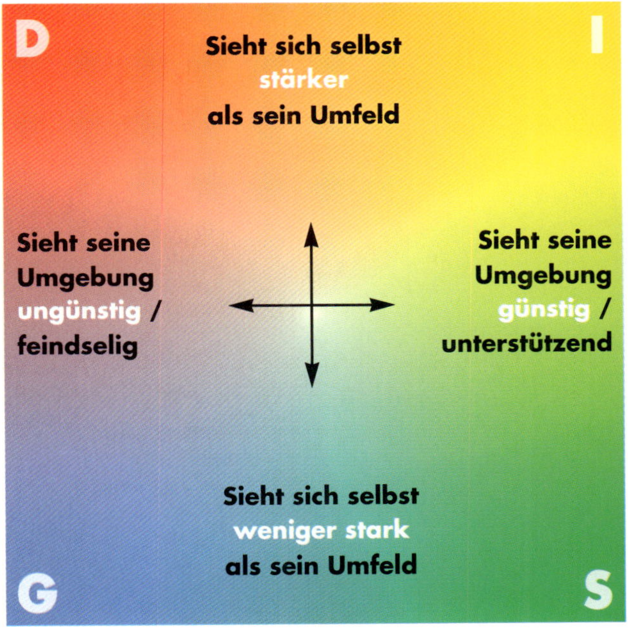

Marstons *Persönlichkeitstheorie* besagt (siehe Seite 14-16), daß die Unterschiede zwischen den Verhaltensstilen sich in ihrer jeweiligen *Einstellung* gegenüber ihrer *Umwelt* begründen:

■ „**D**“ und „**G**“ stehen in einer engen Beziehung, weil beide ihre Umgebung eher als ungünstig oder gar feindselig betrachten. Die natürliche Verhaltensweise, darauf zu reagieren, ist entweder aggressiv („**D**“) oder defensiv („**G**“).

■ „**I**“ und „**S**“ gemeinsam ist, daß sie ihre Umgebung eher als günstig betrachten. Sie sind deshalb für alles offen und aufnahmebereit.

Ein anderer Aspekt, der nach Marston das Verhalten eines Menschen beeinflußt, ist seine Vorstellung, wieviel *Energie* er in seiner *Umgebung* besitzt: Die „**D**“- und „**I**“-Verhaltenstypen sehen und fühlen sich selbst *stärker* als ihre Umgebung. Ihre Strategie besteht darin, diese Umgebung, d. h. Menschen und Situationen, ihren Bedürfnissen anzupassen.

■ „**D**“ will die Umgebung nach seinen Vorstellungen verändern, um Opposition zu überwinden und Ergebnisse zu erreichen. Er strebt seine Ziele geradlinig an, ungeachtet eventueller Widerstände.

■ „**I**“ versucht, seine Umgebung zu verändern, jedoch nicht durch direkte Beeinflussung, sondern indem er andere zu seinen Verbündeten macht oder überredet, um seine Ziele zu erreichen.

„**S**“- und „**G**“-Verhaltenstypen fühlen sich *weniger stark* als ihre Umgebung. Ihre Strategie besteht darin, unter den bereits bestehenden Bedingungen innerhalb dieser Umgebung erfolgreich zu arbeiten.

■ „**S**“ hat eine positive Einstellung zu seiner Umgebung und versucht, mit anderen zusammenzuarbeiten, um seine Aufgaben erfüllen zu können.

■ „**G**“ versucht, qualitativ richtig und mehr alleine zu arbeiten, damit ihm seine – als ungünstig empfundene – Umgebung nichts anhaben kann.

Der „dominante“ Partner

„Ein Abend, an dem sich alle Anwesenden völlig einig sind, ist ein verlorener Abend.“
Albert Einstein

Solange *Dominante* und ihre Partner dieselben Ziele und Wünsche haben, geht es bei ihnen friedlich zu, und sie können gemeinsam viel erreichen. Die häufigsten Ursachen für Reibereien und Streitigkeiten sind Machtkämpfe, wer letztlich das Sagen hat. Sie treten gegenüber ihrem Partner energisch, entschlossen und selbstbewußt auf und ergreifen oft als erster die Initiative, Aufgaben anzupacken und schnell zu erledigen. Bei Konflikten werden sie von ihren Partnern als zu schroff, zu herzlos und zu ehrgeizig empfunden.

Stärken in der Partnerschaft

- Hält die Fäden fest in der Hand.
- Handelt sehr zielorientiert.
- Motiviert die Familie zum Handeln.
- Kennt immer die „richtige“ Antwort.
- Organisiert den Haushalt.
- Setzt sich dafür ein, daß alle in der Familie mitarbeiten.
- Behält in Notfällen das Heft in der Hand.
- Sieht das große „Ganze“.
- Sieht praktische Lösungen.
- Schreitet schnell zur Tat.
- Delegiert Aufgaben, organisiert gut.
- Verbreitet Tatendrang, will Ergebnisse.
- Treibt andere zum Handeln.
- Widerstand spornt ihn an.

Engpässe in der Partnerschaft

- Ist häufig zu bestimmend, beherrschend.
- Keine Zeit für die Familie.
- Ungeduldig bei schlechten Leistungen.
- Läßt die Kinder kaum zur Ruhe kommen.
- Neigt dazu, andere Menschen zu „benutzen“.
- Tut sich mit Entschuldigungen schwer.
- Hat möglicherweise recht, ist aber unbeliebt.
- Zeigt wenig Toleranz bei Fehlern.
- Untersucht nicht die Details.
- Langweilt sich bei Trivialem, Alltäglichem.
- Trifft voreilige Entscheidungen.
- Ist rücksichtslos und taktlos.
- Manipuliert andere, ist fordernd.
- Ergebnisse rechtfertigen die Mittel.
- Neigt zu „Workaholismus“.

Tips zur persönlichen Entwicklung

- Versuchen Sie nicht, die Situation, die Unterhaltung oder eine andere Person zu kontrollieren oder zu dominieren.
- Investieren Sie mehr Energie in persönliche Beziehungen.
- Verringern Sie Ihre Drehzahl. Nehmen Sie sich Zeit, das „Warum“ hinter Ihren Aussagen und Anfragen zu erklären.
- Werden Sie offener, Ihre Gefühle auch mitzuteilen.
- Üben Sie sich in Geduld, und hören Sie so lange zu, bis Sie die Gefühle, Ideen, Vorschläge und Bitten Ihres Partners wirklich verstanden haben. Ganz einfach zuhören, zuhören!
- Achten Sie auch auf Ihre Schattenseiten („blinder Fleck“).

Umgang mit Geld

„Dominante“ beauftragen den anderen, auf ein ausgeglichenes Konto zu achten. Geld ist:

- eine Machtquelle zu größerem Einfluß;
- ein Weg zu größeren Erfolgen, Möglichkeiten;
- ein Mittel, das ihnen einen Vorsprung gegenüber Konkurrenten gibt;
- ein Schmerzensgeld gegen jede Art von Verletzlichkeiten.

„Wer andere knechtet, macht sich selbst zum Knecht."
Liehburg

Männliche „D"-Bedürfnisse

- Erwartet Respekt gegenüber seiner Person.
- Versucht, Anerkennung und Bewunderung durch seine Erfolge zu erhalten.
- Erwartet, körperlich gefordert zu werden.
- Braucht Erfolge und Siege, um sein Ego aufzubauen.
- Gewinnt Vertrauen, indem er sagt: „Vertraue mir!"

Weibliche „D"-Bedürfnisse

- Wünscht Zuneigung auf Kommando.
- Erwartet Verständnis vom anderen.
- „Nennt die Dinge beim Namen ...", um ehrliche Antworten zu bekommen.
- Erwartet, daß ihre emotionalen Bedürfnisse gestillt werden, wenn sie für andere etwas getan oder gegeben hat.
- Gewinnt Sicherheit, wenn sie ihr Umfeld im Griff hat (Unabhängigkeit).
- Verlangt Zeit und Aufmerksamkeit.

Die größte Angst von „D" ist, übervorteilt zu werden.

Wie Sie „D" in der persönlichen Kommunikation ansprechen können

- „Ich bewundere dein starkes Selbstbewußtsein."
- „Du hast eine direkte, unverblümte Art, dich auszudrücken, die ich sehr schätze."
- „Du zeigst eine unglaubliche Beharrlichkeit, wenn du eine Sache beschlossen hast und durchziehen willst. Ich mag das sehr an dir."
- „Ich liebe deine Art, wie du an Dinge herangehst, die du unbedingt willst – mich eingeschlossen."
- „Ich weiß, ich kann auf dich zählen, wenn ein echtes Problem gelöst werden muß."
- „Ich liebe deine Energie und Entschlossenheit, wenn du etwas erreichen willst."
- „Veränderungen scheinen dir gar nichts auszumachen. Du stellst dich einfach darauf ein und schaffst es."
- „Ich finde deinen starken Wettbewerbsdrang sehr mutig."
- „Ich bewundere an dir, daß du keine Angst hast, etwas Neues auszuprobieren und es konsequent anzupacken."

Der „initiative" Partner

„Man kann sich auch an offenen Türen den Kopf einrennen."
Erich Kästner

Initiative begeistern ihre Partner, lassen sie an ihren Erfolgen teilhaben, betrachten das Leben positiv und geben dem Partner viele Freiheiten. Sie haben gerne Spaß und wollen ihren Partner und auch ihr sonstiges Umfeld beeindrucken. Das manchmal zu schnelle Tempo, sein Optimismus, seine mangelnde Disziplin und Impulsivität führen mit dem „I"-Partner zu Reibereien und Streitigkeiten. „I's" sind gegenüber ihrem Partner enthusiastisch, gesprächig, freundlich, offen und ergreifen oft als erste die Initiative, wenn es darum geht, Beziehungen herzustellen und andere zum Mitmachen zu bewegen.

Stärken in der Partnerschaft

- Ist beliebt bei den Freunden seiner Kinder.
- Verwandelt Chaos in Spaß.
- Ist der „Zirkusdirektor".
- Lebt durch Komplimente richtig auf.
- Wird von anderen beneidet.
- Entschuldigt sich schnell.
- Liebt spontane Aktivitäten.
- Übernimmt freiwillig neue Aufgaben.
- Denkt sich immer neue Aktivitäten aus.
- Wirkt auf den ersten Blick anziehend.
- Besitzt ein großes Maß an Energie und Begeisterungsfähigkeit.
- Geht schnell, eindrucksvoll an Dinge heran.
- Inspiriert den Partner zum Mitmachen.
- Überredet mit Charme andere zur Hausarbeit.

Engpässe in der Partnerschaft

- Sorgt zu Hause für ständige Aufregung.
- Ist wenig organisiert und vergißt Dinge.
- Ist ungeduldig, hört nicht richtig zu.
- Führt bei Unterhaltungen das Wort.
- Antwortet für andere.
- Kann launisch sein.
- Findet immer eine Entschuldigung.
- Möchte lieber reden, statt zu arbeiten.
- Vergißt Verpflichtungen (Hochzeitstag).
- Bringt Dinge nicht zu Ende.
- Ist eher unordentlich, undiszipliniert.
- Hat oft keine klaren Prioritäten.
- Trifft häufig gefühlsmäßige Entscheidungen.
- Läßt sich leicht und gern ablenken.
- Hält den anderen von der (Haus-)Arbeit ab.

Tips zur persönlichen Entwicklung

- Zügeln Sie Ihre natürliche Impulsivität.
- Arbeiten Sie daran, ziel- oder ergebnisorientierter zu handeln.
- Reden Sie etwas weniger, hören Sie mehr zu.
- Konzentrieren Sie sich darauf, Aufgaben und Verpflichtungen zu Ende zu bringen.
- Berücksichtigen Sie auch die Ideen und Vorschläge Ihres Partners, statt immer Ihre eigenen Vorstellungen durchzusetzen.
- Setzen Sie Ihre Kreativität ein, um Ihre Beziehung immer wieder mit neuem Leben zu erfüllen.

Umgang mit Geld

„Initiative" haben in ihrem Leben wahrscheinlich selten ein ausgeglichenes Konto. Geld ist:

- eine Quelle der Freiheit, Selbstbestimmung;
- eine Chance, um Spaß zu haben und Risiken einzugehen;
- eine Möglichkeit, um großzügig zu sein – nach ihren eigenen Vorstellungen;
- eine Möglichkeit, um Freunde zu gewinnen und Einfluß auf andere zu nehmen.

„Ein witziger Einfall wirkt besser als ein hitziger Anfall."
Beziehungsalltag

Männliche „I"-Bedürfnisse

- Überzeugt andere oder beeinflußt sie, um deren Respekt zu gewinnen.
- Liebt Bewunderung und Anerkennung, die sich in Worten ausdrückt.
- Wünscht, körperlich gefordert zu werden, um seine Gefühle zeigen zu können.
- Möchte, daß sein Ego durch verbales Lob aufgebaut wird, und verlangt manchmal sogar danach.
- Baut Vertrauen auf durch Offenheit und Schmeicheleien.

Weibliche „I"-Bedürfnisse

- Sucht Zuneigung durch Worte zu erhalten und fragt auch deutlich danach.
- Macht Aussagen und stellt Fragen, um Beziehungen zu klären und zu verstehen; sucht das Gespräch und redet gerne.
- Äußert sich ehrlich und ernsthaft.
- Möchte wie ein „offenes Buch" sein, um beim Partner emotional anzukommen.
- Wird immer sicherer, wenn Dinge im persönlichen Gespräch geklärt werden und sie verbale Zustimmung erhält.
- Möchte, daß der Partner sich Zeit nimmt, ihr zuhört und seine volle Aufmerksamkeit schenkt, wenn sie miteinander reden.

Die größte Angst von „I" ist der Verlust an sozialer Anerkennung und Ablehnung.

Wie Sie „I" in der persönlichen Kommunikation ansprechen können

- „Ich bewundere Menschen, die einen so großen Sinn für Humor haben wie du."
- „Du kannst sehr gut mit Worten umgehen."
- „Du bist ein sehr guter Beobachter. Ich habe gesehen, wie du alles mitbekommst, was um dich herum geschieht."
- „Du bist für mich ein echtes Energiebündel – wenn ich mit dir zusammen bin, habe ich das Gefühl, neue Kraft zu schöpfen."
- „Du hast wirklich die Fähigkeit, andere Menschen zu überzeugen. Du könntest einem Bauern eine Melkmaschine verkaufen und dafür die einzige Kuh in Zahlung nehmen."
- „Du überraschst mich immer wieder von neuem."
- „Du malst mit Worten wie Michelangelo mit seinem Pinsel."

Der „stetige" Partner

„Wir könnten viel, wenn wir zusammenstünden."
Friedrich Schiller

Stetige ermutigen ihre Partner und unterstützen sie dabei, ihre Ziele zu erreichen. Sie kommen gut miteinander aus, lieben es, eine schöne Zeit gemeinsam zu verbringen und eine entspannte, ruhige und friedliche Atmosphäre mit dem Partner zu haben. Sie sind für den Partner berechenbar, liebenswürdig, angenehm, zufrieden und loyal und reagieren vor allem auf Menschen. Reibereien entstehen wegen ihrer gefühlsorientierten Art, in der sie Probleme oft nicht beim Namen nennen und Herausforderungen gleich als Bedrohung empfinden.

Stärken in der Partnerschaft

- Macht sich gut als Elternteil.
- Ist selten wirklich in Eile.
- Akzeptiert gute und schlechte Zeiten.
- Läßt sich nicht leicht aus der Ruhe bringen.
- Ist angenehm und unterhaltsam.
- Guter Zuhörer, zeigt Mitgefühl.
- Hat einen trockenen Humor.
- Hat wenige, aber enge Freunde.
- Kompetent und ausdauernd.
- Friedlich und freundlich.
- Kann Dinge gut verwalten.
- Schlichtet und vermittelt bei Problemen.
- Vermeidet Streit und Konflikte.
- Verhält sich unter Druck noch freundlich.
- Findet den Weg des geringsten Widerstandes.

Engpässe in der Partnerschaft

- Setzt sich nur schwerfällig in Bewegung, besonders bei überraschenden Veränderungen.
- Hat bei Schwierigkeiten den Haushalt nicht im Griff.
- Entmutigt, dämpft die Begeisterung anderer.
- Bleibt unbeteiligt und gleichgültig, z. B. gegenüber neuen oder geänderten Plänen.
- Verurteilt den anderen.
- Ist sarkastisch und hänselt andere, wenn er sich nicht durchsetzen kann.
- Handelt nicht zielorientiert.
- Mangelnde innere Motivation.
- Liebt nicht, vom anderen gedrängt zu werden.
- Ist lethargisch, träge und gedankenlos.
- Ist nur Beobachter und redet zuwenig.

Tips zur persönlichen Entwicklung

- Versuchen Sie, aufgeschlossener gegenüber Veränderungen zu sein.
- Zeigen Sie eine größere Flexibilität.
- Entwickeln Sie ein schnelleres Tempo, um Ihre Ziele zu erreichen.
- Arbeiten Sie daran, Ihre Gedanken, Meinungen und Gefühle auszudrücken.
- Gehen Sie mit Widerständen konstruktiv um.
- Üben Sie sich darin, schnelle Entscheidungen zu treffen.

Umgang mit Geld

Stetige halten ihr eigenes Konto ausgeglichen – und das ihres Partners auch. Geld ist

- eine Möglichkeit, um ihre Beziehung zu Freunden und zur Familie zu verbessern;
- eine Möglichkeit, das Leben ihrer „Lieben" zu verschönern;
- eine Gelegenheit, um Anerkennung von anderen zu erlangen;
- eine Quelle, zu Hause die Stabilität und Harmonie zu erhalten.

„Enthaltsamkeit ist das Vergnügen an Sachen, welche wir nicht kriegen."
Wilhelm Busch

Männliche „S"-Bedürfnisse	Weibliche „S"-Bedürfnisse
Gewinnt Achtung und Respekt durch beharrliche Leistungen über lange Zeit.	Gibt Zuneigung, um diese selbst zu erhalten.
Bewunderung für diese Leistungen von seiten seiner engsten Bekannten.	Zeigt anderen ihr Mitgefühl, um dadurch selber besser verstanden zu werden.
Wünscht, körperlich gefordert zu werden, um andere zu hegen und zu pflegen und die Beziehung aufrechtzuerhalten.	Verlangt Ehrlichkeit – selbst wenn es für den Partner einmal schwierig wird.
Möchte, daß sein Ego durch ernsthafte Anerkennung und ehrliches Lob aufgebaut wird.	Bringt sich voll ein, um beim Partner emotional anzukommen.
Baut in festen Beziehungen durch Akzeptanz des anderen im Laufe der Zeit Vertrauen auf.	Gibt ihre Persönlichkeit zugunsten von Sicherheit auf: „Ein Vogel im Käfig ist zwar nicht frei, aber sicher."
	Entzieht dem Partner ihre Zuneigung, um ihm klarzumachen, daß sie Zeit und Aufmerksamkeit benötigt.

Die größte Angst von „S" ist der Verlust an Sicherheit und eine Veränderung des Status quo.

Wie Sie „S" in der persönlichen Kommunikation ansprechen können

- „Du fühlst mit anderen so stark mit, daß man denken könnte, du blutest, wenn sich ein anderer geschnitten hat."
- „Du bist sehr vorsichtig. Ich habe beobachtet, wie du die Dinge erst genau betrachtest, bevor du dich auf eine Sache einläßt. So kann ich deinem Urteil immer vertrauen."
- „Ich wünschte, ich hätte eine solche Intuition wie du. Du hast so etwas wie einen '7. Sinn'."
- „Ich liebe dich, weil du so liebenswürdig bist. Keine Anstrengung ist dir zuviel, selbst nicht bei Menschen, bei denen ich das Gefühl habe, daß sie es gar nicht verdient haben."
- „Ich habe das Gefühl, daß ich mit dir über alles reden kann, weil du immer zuhörst."
- „Ich wünschte, daß andere so zuverlässig wie du wären. Ich kann immer auf dich zählen."
- „Ich schätze deine Beständigkeit und Treue."
- „Du planst immer im voraus. Ich weiß, daß es keine bösen Überraschungen geben wird, wenn du es verhindern kannst."
- „Wenn es mehr Menschen mit deinem Mitgefühl gäbe, wäre es viel wärmer auf dieser Welt."

Der „gewissenhafte" Partner

„Wir sollen nicht verwerfen der Alten Ordnungen, sondern ihre Mißbräuche."
Johann Aventinus

Wenn *Gewissenhafte* und ihre Partner gemeinsame Ziele haben, können sie sehr effektiv zusammenleben und sich gegenseitig unterstützen. Wenn sich die Ziele unterscheiden, ist dies für „G" sehr schwer. Er möchte, daß die Dinge richtig gemacht werden. Was aber für den Gewissenhaften richtig ist, ist für seinen Partner umständlich und kompliziert. Er ist auch in der Partnerschaft mehr analytisch, ernst, vorsichtig, ordnungsliebend, genau und reagiert in erster Linie auf Aufgaben und anstehende Projekte. Bei zwischenmenschlichen Schwierigkeiten neigt der hoch Gewissenhafte dazu, sich indirekt zu bekriegen, und wird von seinem Partner auch als pedantisch und stur erlebt.

Stärken in der Partnerschaft

- Setzt hohe Maßstäbe und Standards.
- Möchte, daß alles richtig getan wird.
- Opfert seinen eigenen Willen.
- Unterstützt die Lernbereitschaft und die Talente des Partners.
- Ist damit zufrieden, auch im Hintergrund zu bleiben, und vermeidet es, die Aufmerksamkeit auf sich zu ziehen.
- Orientiert sich an seinem Zeitplan.
- Ist beharrlich und gründlich.
- Geht methodisch an Dinge heran und ist gut organisiert.
- Sieht Probleme und Schwierigkeiten.
- Sucht lange nach guten Lösungen.
- Will beenden, was er begonnen hat.

Engpässe in der Partnerschaft

- Erwartet zuviel, setzt zu hohe Maßstäbe.
- Ist zu genau.
- Fühlt sich im sozialen Umgang unsicher.
- Hält Zuneigung zurück.
- Ist nachtragend und rachsüchtig.
- Räumt Menschlichem nicht die erste Priorität ein.
- Unvollkommenheit deprimiert ihn.
- Wählt gerne schwierige Aufgaben.
- Zögert, Dinge in Angriff zu nehmen.
- Verbringt zuviel Zeit mit Planung.
- Ist mit sich selbst unzufrieden.
- Ist schwer zufriedenzustellen.
- Hat unrealistische Ziele.

Tips zur persönlichen Entwicklung

- Konzentrieren Sie sich darauf, die „richtigen" Dinge zu tun, nicht nur die Dinge richtig zu tun.
- Stehen Sie den Ideen und Methoden Ihres Partners weniger kritisch gegenüber.
- Seien Sie entscheidungsfreudiger. Gut ist besser als perfekt.
- Konzentrieren Sie sich weniger auf Fakten und dafür mehr auf den Menschen.
- Gehen Sie öfters ein kalkuliertes Risiko ein.
- Entwickeln Sie ein dickeres Fell. Seien Sie weniger empfindlich.

Umgang mit Geld

Gewissenhafte verbringen viel Zeit damit, ihr Konto zu überwachen und es auszugleichen. Geld ist

- eine Quelle der Sicherheit für die Zukunft;
- ein Bollwerk gegen Unbekanntes und Unvorhersehbares;
- eine Quelle, um Risiken zu vermeiden und die besten Gelegenheitskäufe zu machen;
- eine Gelegenheit, um für „schlechte Zeiten" zu sparen.

„Vorsicht ist ein besserer Soldat als Übereilung."
William Shakespeare

Männliche „G"-Bedürfnisse

- Gewinnt Respekt durch klar gezeigte Kompetenz und Qualität.
- Sucht nach Bewunderung für seine Ideen und Methoden, die er bei der Lösung einer Aufgabe anwendet.
- Wünscht, als integraler Bestandteil einer größeren Gemeinschaft seinen festen Platz zu haben, z. B. innerhalb der Familie, Beziehung.
- Möchte sein Ego aufbauen, indem er die Dinge „richtig" tut und Anerkennung für seine Korrektheit, Loyalität, Treue etc. erhält.
- Erwartet Vertrauen aufgrund seines kongruenten Verhaltens (Gesagtes und Gelebtes stimmen überein).

Weibliche „G"-Bedürfnisse

- Erwartet Anerkennung als Gegenleistung für ihre Unterstützung und Loyalität.
- Erklärt ihre Sichtweise mit Daten und Fakten, um besser verstanden zu werden, warum sie sich gerade jetzt so fühlt.
- Ist ehrlich und versteht nicht, warum andere Menschen nicht auch ehrlich sein können.
- Strebt danach, emotional anzukommen, indem sie begrenzt nachgibt.
- Schafft Sicherheit, indem sie Dinge berechenbar macht und vorsichtig angeht.
- Plant ihre Zeit genau und läßt Ablenkungen von ihren Aufgaben ungern zu.

Die größte Angst von „G" ist die Kritik und Veränderungen seiner Lebensumstände.

Wie Sie „G" in der persönlichen Kommunikation ansprechen können

- „Ich kann dir gar nicht beschreiben, wie sehr ich deine Rücksichtnahme und Sorgfalt schätze. Du gibst dir immer so viel Mühe, um alles zu verbessern."
- „Ich kann mich immer darauf verlassen, daß du die vernünftigste und objektivste Sichtweise der Dinge hast. Ich weiß nicht, was ich ohne dich tun würde."
- „Ich finde dein Interesse an allen Dingen wohltuend und stimulierend."
- „Ich danke dir, daß du nicht impulsiv handelst, wenn du entscheidest. Ich schätze es, daß du alle Dinge ganz genau durchdenkst."
- „Ich weiß, daß ich auf dich zählen kann, wenn etwas richtig erledigt werden muß."
- „Bis ich dich kennenlernte, wußte ich gar nicht, was das Zitat 'Stille Wasser sind tief' wirklich bedeutet."
- „Wenn ich mir über eine Sache klarwerden will, möchte ich sie zuerst mit dir besprechen."
- „Du bist ein wunderbarer Zuhörer. Du schenkst mir deine volle Aufmerksamkeit, wenn ich dir erzähle, wie ich über eine Sache denke. Ich liebe diesen Zug an dir."

Partnerschafts-Strategien für „D" und „I"

Fünf Schritte zur Verbesserung der Kommunikation und Konfliktlösung:

1. Verhalten erkennen	**„D"-Partner**	**„I"-Partner**
2. Stärken des Partners beachten	Energisch, entschlossen, selbstbewußt, unabhängig, praktisch, produktiv, effektiv, konkurrierend, neue Aufgaben anpackend.	Enthusiastisch, impulsiv, umgänglich, gesprächig, freundlich, emotional, optimistisch, offen, ergreift Initiative bei Menschen.
3. Bedürfnisse des Partners verstehen	Achtung: Wer ein hohes „D" hat, *wünscht oft,* wegen konkreter Ergebnisse geschätzt zu werden; die Kontrolle auszuüben; Herausforderungen; Risiken; Freiheit zur Selbstentfaltung; neue und vielseitige Aufgaben. *Befürchtet,* von anderen ausgenutzt zu werden. *Erholt sich durch* ... körperliche Tätigkeit.	Achtung: Wer ein hohes „I" hat, *wünscht oft,* wegen Dynamik und Humor geschätzt zu werden; zu reden; einen guten Zuhörer; Freiheit von Detailarbeiten und Kontrolle; Spontaneität; anderen zu helfen. *Befürchtet* den Verlust der sozialen Anerkennung. *Erholt sich durch* ... soziale Zeit.
4. Ihr Verhalten den Bedürfnissen des Partners anpassen wenn Sie ein „D-Typ" sind	Deshalb ... seien Sie direkt; kommen Sie schnell zum Wesentlichen; äußern Sie Bewunderung; reden Sie von Ergebnissen; lockern Sie die Unterhaltung mit Humor; beantworten Sie „WAS" -Fragen, um das Machtverhältnis ausgewogen zu halten; lassen Sie dem Partner die Kontrolle über bestimmte Bereiche; arbeiten Sie an der Entwicklung des gegenseitigen Vertrauens.	Deshalb ... lassen Sie den Partner wissen, wenn Sie zufrieden sind; hören Sie begeistert zu; genießen Sie den Humor des Partners; bieten Sie Ideen zur Umsetzung der Anregungen des Partners; beantworten Sie die „WER"-Fragen; bieten Sie dem Partner Möglichkeiten, im Rampenlicht zu stehen; lernen Sie, Spaß mit dem Partner zu haben.
5. Sich möglicher Konfliktbereiche bewußt sein	Sie könnten eine zu starke Kontrolle ausüben und alles bestimmen wollen. Das könnte die Freiheit und Kontrollmöglichkeiten Ihres Partners einengen.	Sie könnten zu stark mit dem Partner konkurrieren und sich zu sehr um Ergebnisse kümmern. Ihr Partner könnte meinen, daß Sie sich auf Tatsachen statt auf Gefühle konzentrieren und daß Sie Ermutigung nicht aussprechen.

Fortsetzung der Tabelle für den vierten und fünften Schritt von „I", „S" und „G" : siehe nächste Doppelseite

Partnerschafts-Strategien für „S" und „G"

Fünf Schritte zur Verbesserung der Kommunikation und Konfliktlösung:

„S"-Partner	„G"-Partner	
Entspannt, loyal, berechenbar, liebenswürdig, angenehm, besonnen, zufrieden, geduldig, reagiert auf Menschen.	Diplomatisch, analytisch, vorsichtig, ernst, wißbegierig, zurückhaltend, ordnungsliebend, genau, reagiert auf Aufgaben.	**1. Verhalten erkennen** **2. Stärken des Partners beachten**
Achtung: Wer ein hohes „S" hat, *wünscht oft,* sich in einer stabilen, strukturierten Beziehung sicher zu fühlen; Eingewöhnungszeit bei Veränderungen; Teamarbeit; echte Wertschätzung; enge Beziehungen; vertraute Abläufe. *Befürchtet* Konfrontation und Veränderungen. *Erholt sich durch* ... freie Zeit.	Achtung: Wer ein hohes „G" hat, *wünscht oft* die Sicherheit, die Dinge „richtig" zu machen; keine schnellen Veränderungen; Details und Tatsachen als Entscheidungsgrundlage; Bestätigung; Qualität. *Befürchtet* irrationale Handlungen, Anfeindungen *Erholt sich durch* ... private Zeit.	**3. Bedürfnisse des Partners verstehen**
Deshalb ... seien Sie entspannt; setzen Sie den Partner nicht unter Druck, lassen Sie ihm Zeit; bieten Sie echte Wertschätzung, Unterstützung und Ermutigung; vermindern Sie Risiken, und kritisieren Sie nicht; beantworten Sie die „WIE"-Fragen; definieren Sie genau die Aufgaben und Ziele, drängeln Sie nicht; geben Sie ihm ein Wir-Gefühl; bitten Sie um Hilfe; zeigen Sie Interesse.	Deshalb ... verlangsamen Sie das Tempo; konzentrieren Sie sich auf Tatsachen; vermindern Sie Risiken; erwägen Sie das Für und Wider Ihrer Ideen; seien Sie bereit, Dinge geduldig zu erklären; erwarten Sie Zweifel und Fragen; beantworten Sie „WARUM"-Fragen; geben Sie Bestätigung; drängeln Sie nicht zur Eile; kritisieren Sie nicht die Arbeit des Partners.	**4. Ihr Verhalten den Bedürfnissen des Partners anpassen** wenn Sie ein „D-Typ" sind
Sie könnten sich zuwenig Zeit zum Zuhören nehmen. Sie könnten zu schnell zuviel von Ihrem Partner verlangen. Sie neigen dazu, die Erledigung der Aufgabe höher zu bewerten als die Beziehung.	Sie neigen dazu, schnell zu sein, aber Sie sind dabei vielleicht nicht sehr gründlich. Sie haben vielleicht den Wunsch, die Dinge in anmaßender Weise zu kontrollieren.	**5. Sich möglicher Konfliktbereiche bewußt sein**

Fortsetzung der Tabelle für den vierten und fünften Schritt von „I", „S" und „G": siehe nächste Doppelseite

Partnerschafts-Strategien für „D" und „I"

1. Verhalten erkennen	„D"-Partner	„I"-Partner
4. Ihr Verhalten den Bedürfnissen des Partners anpassen wenn Sie ein „I-Typ" sind	Deshalb ... fassen Sie sich kurz, und kommen Sie zum Wesentlichen; beantworten Sie die „WAS"-Fragen; betonen Sie die Ergebnisse Ihrer Ideen; reden Sie mehr von Tatsachen und Vorteilen als von Gefühlen; beziehen Sie sich auf Ziele; fordern Sie den Partner mit begeisternden Ideen heraus; lassen Sie ihn über bestimmte Wunschbereiche Kontrolle haben; halten Sie Ihre Emotionen in entsprechenden Situationen unter Kontrolle.	Deshalb ... teilen Sie Ihre Zufriedenheit mit; geben Sie Lob und Ermutigung für die Ideen des Partners; zeigen Sie Gefallen am Humor des Partners; lassen Sie den Partner im Rampenlicht stehen; seien Sie zurückhaltend bei Finanzplanung, Anschaffungen und kurzfristigen Zielen; beantworten Sie „WER"-Fragen; hören Sie begeistert und geduldig zu, statt darüber nachzudenken, was Sie als nächstes sagen wollen.
5. Sich möglicher Konfliktbereiche bewußt sein	Es kann sein, daß Sie zu wenig Sinn für Ergebnisse haben. Sie sind vielleicht zu gefühlsbetont oder zu langatmig.	Sie könnten den Wunsch haben, ständig im Rampenlicht zu stehen. Ihnen fehlt vielleicht die Begeisterung, wenn eine Idee nicht von Ihnen stammt. Wer sorgt sich um Details oder weitere Aufgaben, die sich aus Ideen ergeben?
4. Ihr Verhalten den Bedürfnissen des Partners anpassen wenn Sie ein „S-Typ" sind	Deshalb ... seien Sie direkter, fassen Sie sich kurz, kommen Sie zum Wesentlichen; beantworten Sie die „WAS"-Fragen; betonen Sie die Logik Ihrer Ideen und Methoden; bestätigen Sie die Idee des Partners, wo möglich; beziehen Sie sich auf Ergebnisse; lassen Sie den Partner über bestimmte Wunschbereiche Kontrolle haben; seien Sie weniger empfindlich; seien Sie offener für Veränderungen.	Deshalb ... zeigen Sie Begeisterung und mehr Reaktion; hören Sie begeistert zu; geben Sie Lob und Ermutigung für die Ideen des Partners; genießen Sie seinen Humor; zeigen Sie Möglichkeiten, Ideen in die Tat umzusetzen; beantworten Sie die „WER"-Fragen; lassen Sie ihn mehr im Vordergrund stehen; steigern Sie Ihr Tempo; seien Sie weniger besitzergreifend; sagen Sie Ihre Meinung und lassen ihn wissen, woran er ist.
5. Sich möglicher Konfliktbereiche bewußt sein	Sie können zuviel Zeit mit belanglosem Gesprächsstoff füllen. Sie sind vielleicht zu wenig direkt und unwillig, sich zu verändern und neue Dinge auszuprobieren.	Sie könnten ein zu langsames Tempo haben und wenig begeisterungsfähig sein. Sie mögen Routine und Wiederholung, was Ihr Partner vielleicht als lästig empfindet.
4. Ihr Verhalten den Bedürfnissen des Partners anpassen wenn Sie ein „G-Typ" sind	Deshalb ... seien Sie direkter; kommen Sie schneller auf das Wesentliche; beantworten Sie die „WAS"-Fragen; betonen Sie die Ergebnisse Ihrer Ideen; seien Sie flexibler; beziehen Sie sich auf die Ergebnisse; lassen Sie den Partner über bestimmte Bereiche Kontrolle haben; seien Sie offener, Veränderungen auszuprobieren.	Deshalb ... zeigen Sie Begeisterung; steigern Sie Ihr Tempo; geben Sie Lob und Ermutigung für die Ideen des Partners; hören Sie begeistert zu, und lachen Sie mit ihm; zeigen Sie Möglichkeiten auf, Ideen in die Tat umzusetzen; beantworten Sie die „WER"-Fragen; lassen Sie den Partner mehr im Vordergrund sein; achten Sie weniger auf Details; lassen Sie sich auch von spontanen Gefühlen mitreißen.
5. Sich möglicher Konfliktbereiche bewußt sein	Durch Ihre perfektionistische Tendenz und Ihr langsames Tempo könnte Ihr Partner das Gefühl bekommen, die Dinge nicht unter Kontrolle zu haben.	Sie könnten ein zu langsames Tempo haben, zu wenig Begeisterung zeigen oder sich zu wenig um Informationen kümmern. Vielleicht gehen Sie nicht auf die humorvolle Art des Partners ein.

Partnerschafts-Strategien für „S“ und „G“

„S“-Partner	„G“-Partner	1. Verhalten erkennen
Deshalb ... seien Sie geduldig; drängeln Sie nicht; halten Sie mit Ihrer Begeisterung zurück; setzen Sie den Partner nicht unter Druck, lassen Sie ihm Zeit; geben Sie echte Wertschätzung, Unterstützung und Ermutigung; kritisieren Sie den Partner nicht; beantworten Sie „WIE“-Fragen; bitten Sie um Hilfe; zeigen Sie Interesse; vermindern Sie die Risiken; seien Sie aufrichtig.	Deshalb ... beziehen Sie sich mehr auf Tatsachen; seien Sie objektiv; vermindern Sie die Risiken des Partners; überzeugen Sie durch Abwägen des Für und Wider; seien Sie bereit, Dinge gründlich zu erklären; beantworten Sie die „WARUM“-Fragen; geben Sie realistische Bestätigungen; drängeln Sie nicht; kritisieren Sie die Arbeit des Partners nicht.	**4. Ihr Verhalten den Bedürfnissen des Partners anpassen** wenn Sie ein „I-Typ“ sind
Vielleicht widmen Sie Ihren Beziehungen nicht genug Zeit oder Aufmerksamkeit. Sie könnten zu schnell sein oder den Wunsch hegen, immer im Mittelpunkt zu sein.	Vielleicht geben Sie den Ansprüchen Ihres Partners zu wenig Gewicht. Sie könnten zu impulsiv sein, zu gesprächig oder zu desorganisiert.	**5. Sich möglicher Konfliktbereiche bewußt sein**
Deshalb ... übernehmen Sie mehr Initiative; seien Sie entschlußkräftiger; geben Sie echte Wertschätzung, Unterstützung und Ermutigung; kritisieren Sie den Partner nicht; beantworten Sie die „WIE“-Fragen; definieren Sie Rollen und Ziel genau; bitten Sie um Hilfe; zeigen Sie Interesse; kehren Sie Probleme nicht unter den Teppich in der Hoffnung, daß sie sich von alleine lösen.	Deshalb ... seien Sie objektiv; beziehen Sie sich auf Tatsachen; kümmern Sie sich mehr um Details; seien Sie bereit, Dinge geduldig und häufig zu erklären; beantworten Sie die „WARUM“-Fragen; geben Sie Bestätigungen; nutzen Sie die Detailkenntnisse Ihres Partners; kritisieren Sie nicht die Arbeit des Partners; reagieren Sie nicht zu stark auf Kritik des Partners.	**4. Ihr Verhalten den Bedürfnissen des Partners anpassen** wenn Sie ein „S-Typ“ sind
Es könnte sein, daß Sie keine Initiative zeigen, so daß Ihr Partner gezwungen ist, die Leitung zu übernehmen. Sie neigen zur Unentschlossenheit und dazu, verletzte Gefühle zurückzuhalten.	Sie könnten zu sehr auf die Person reagieren und zuviel über Belangloses reden. Sie könnten zu entspannt und nachlässig mit anderen sein.	**5. Sich möglicher Konfliktbereiche bewußt sein**
Deshalb ... ergreifen Sie mehr die Initiative; seien Sie entschlußfreudiger; geben Sie echte Wertschätzung , Unterstützung und Ermutigung; kritisieren Sie den Partner nicht; beantworten Sie die „WIE“-Fragen; definieren Sie Rollen und Ziele genau; bitten Sie um Hilfe; zeigen Sie Interesse; teilen Sie dem Partner Ihre Gefühle mit; versuchen Sie, auch ohne Beweise, dem Partner zu vertrauen.	Deshalb ... beziehen Sie sich auf Tatsachen, seien Sie bereit, häufig geduldig Erklärungen abzugeben; beantworten Sie die „WARUM“-Fragen; geben Sie Bestätigungen; kritisieren Sie die Arbeit des Partners nicht; reagieren Sie nicht zu stark auf Kritik; seien Sie offen und flexibel gegenüber seinem Stil; seien Sie bereit, manche Ihrer Ansprüche zurückzustellen, um Aufgaben zusammen zu beenden.	**4. Ihr Verhalten den Bedürfnissen des Partners anpassen** wenn Sie ein „G-Typ“ sind
Vielleicht teilen Sie den Wunsch Ihres Partners nicht, eine gleichbleibende, besonnene Beziehung zu führen. Vielleicht teilen Sie ihm Ihre Gefühle nicht mit.	Sie könnten denken, daß Ihre Methode richtiger sei. Vielleicht neigen Sie dazu, die Motive und Ansprüche Ihres Partners in Frage zu stellen.	**5. Sich möglicher Konfliktbereiche bewußt sein**

Wie kann ich mit meinem Partner positiver umgehen?

„Ein freundliches Gesicht: das beste Gericht.“
Inschrift im Berliner Ratskeller

Abschließend einige konkrete Hinweise, was Sie besser tun bzw. lassen sollten:

Wenn Ihr Partner hohes „D“ hat

- Geben Sie kurze, direkte Antworten.
- Sagen Sie, was getan werden soll und nicht warum.
- Betonen Sie die gewünschten Ergebnisse.
- Bieten Sie immer Wahlmöglichkeiten (z. B. Urlaub: „Allgäu“ oder „Kreta“?) an.
- Bewundern Sie seine/ihre logischen Ideen und Vorgehensweisen.
- Stimmen Sie auch den genannten Fakten oder seinen/ihren Ideen zu.
- Reden Sie nicht drauflos.
- Rechnen Sie damit, daß er/sie nicht über Risiken nachdenkt.
- Rechnen Sie damit, daß er/sie nicht das Für und Wider abwägt.

Wenn Ihr Partner hohes „I“ hat

- Betonen Sie Neues und Interessantes.
- Zeigen Sie Ihre Fähigkeiten, sich auszudrücken.
- Legen Sie auf Meinungen oder Rückmeldungen von guten Freunden Wert.
- Vermeiden Sie es, das Gespräch zu beherrschen oder zuviel zu reden.
- Gehen Sie mit ihm/ihr anerkennend, spontan und humorvoll um.
- Hören Sie ihm/ihr aufmerksam zu.
- Verwenden Sie immer wieder Zeit, um die gemeinsame Beziehung zu festigen.
- Schätzen Sie seine/ihre begeisternde Art.
- Rechnen Sie damit, daß er/sie wichtige Fakten nicht wahrnimmt.

Wenn Ihr Partner hohes „G“ hat

- Akzeptieren Sie die Ordnungsliebe.
- Klären Sie Bedenken oder Konflikte immer gründlich und vollständig.
- Verstehen Sie sein/ihr Sicherheitsdenken.
- Geben Sie auf seine/ihre Fragen detaillierte Antworten.
- Schätzen Sie sein/ihr Interesse an Fakten, Logik und Einzelheiten als wertvoll ein.
- Unterstützen Sie ihn/sie, wenn er/sie alles schriftlich haben will (Malerangebot, Urlaubsreise, Autokauf etc.).
- Reden Sie nicht sehr emotional.
- Rechnen Sie damit, daß er/sie viele Details und Informationen braucht.
- Rechnen Sie damit, daß er/sie konservativ und vorsichtig Entscheidungen trifft.

Wenn Ihr Partner hohes „S“ hat

- Hören Sie ihm/ihr aufmerksam zu.
- Seien Sie geduldig, wenn es darum geht, seine/ihre Ziele herauszufinden.
- Sprechen Sie mit ihm/ihr über Ihre Treue, Liebe und Verläßlichkeit.
- Zeigen Sie, welche Untersützung Sie bieten, um seine/ihre Ziele zu erreichen.
- Gehen Sie mit ihm/ihr offen, warmherzig und freundlich um.
- Sprechen Sie leise und entspannt.
- Rechnen Sie damit, daß er/sie insgeheim doch unnachgiebig ist.
- Akezptieren Sie seine/ihre abwartende Art.
- Rechnen Sie damit, daß er/sie sich zu Ihren Vorschlägen zunächst wenig äußert.

Persönlichkeit und Kindererziehung

Eltern wollen immer das Beste im Umgang mit ihrem Kind („Parenting"), wissen aber häufig nicht, ob sie „das" Richtige tun, und haben Angst, Fehler zu machen. Kids entwickeln relativ früh ihre eigene *Persönlichkeit,* und es ist spannend, die individuellen Unterschiede zu betrachten.

In der *psychosozialen Entwicklung* eines Kindes zur „erwachsenen" Persönlichkeit hat die Schulzeit eine besondere Bedeutung. Sie ist für das soziale Verhalten der Kinder entscheidend, weil das Kind dem sehr beschränkten Umfeld und Schutz der Familie entwächst. Es erfährt, wie es ist, neben und mit anderen zusammenzuarbeiten. Das Kind lernt meist unbewußt seine gesellschaftliche Rolle und seinen Wert innerhalb einer Gruppe kennen und entwickeln.

Erziehung ist oft darauf angelegt, Verhalten zu belohnen oder zu loben, das unserer Meinung nach richtig ist, und Verhalten abzulehnen oder zu kritisieren, das wir als falsch betrachten. Die Folge: Kinder, die vor allem für das Erfüllen von Aufgaben belohnt werden, gründen ihr Selbstwertgefühl hauptsächlich auf ihre Handlungen *(Tun)* und nicht auf ihre Persönlichkeit *(Sein).* Hier sollte von seiten der Eltern entgegengewirkt und die *Persönlichkeitsentwicklung* gefördert werden. Unsere Ausführungen zeigen Ihnen, wie Sie die bereits deutlich sichtbaren Verhaltensstile von Kindern erkennen und das Selbstwertgefühl Ihrer Kinder stärken können.

„Je mehr wir unsere Kinder lieben, desto weniger kann es uns genügen, daß sie nur in unsere Fußstapfen treten."
Friedrich Schleiermacher

Das „dominante" Kind

„Das Kind hält das, was es heftig begehrt, und das, was ihm gehört, für eins."
Jean Paul

Dominante Kinder kann man im allgemeinen leicht erkennen. Sie haben einen starken Willen und versuchen, jede Situation zu kontrollieren, ob im Freibad, beim Essen oder beim Spielen. Sie sind immer voller Energie, immer „tough" (heftig) und sehr aktiv. Sie lieben den Wettbewerb und hassen es zu verlieren. Wenn etwas nicht nach ihrem Kopf geht, machen sie einen riesigen Aufstand. Im allgemeinen fragen sie sehr viel, gönnen sich und ihren Eltern keine Pause. Ein „Nein" akzeptieren sie nur schwer, und es bedeutet für sie: „Ich habe nicht genügend danach gefragt." Kids mit hohem „D" sind geborene Führer: Sie denken voraus und spüren, wo ihre Eltern am verwundbarsten sind. Weil sie immer sagen, was sie denken, verletzen sie auch sehr leicht die Gefühle anderer. Es fällt ihnen schwer, sich zu entschuldigen.

Kreuzen Sie an, was auf Ihr Kind zutrifft!

Wichtige Charakteristika

- ☐ „Ich weiß, was ich will, und verfolge dieses Ziel."
- ☐ möchte sofort Ergebnisse sehen
- ☐ oftmals abenteuerlustig, meist tollkühn
- ☐ liebt den Wettbewerb, ist ständig auf Achse
- ☐ ignoriert oftmals althergebrachte Verhaltensregeln
- ☐ stellt offen die Regeln in Frage, nach denen die Dinge funktionieren

Persönliche Vorlieben

- ☐ übernimmt gerne die Verantwortung und Kontrolle
- ☐ traut sich, anders zu sein
- ☐ liebt neue Herausforderungen und das Risiko
- ☐ liebt neue und immer verschiedene Aktivitäten

Unter Druck

- ☐ wird zum Einzelgänger, wenn Dinge erledigt werden müssen
- ☐ wird aggressiv und ungeduldig, wenn seine persönlichen Wünsche oder seine Eigenständigkeit in Gefahr sind
- ☐ braucht Raum zum Atmen

Tips zur persönlichen Entwicklung

- Geduld, Einfühlungsvermögen üben
- lernen, auf andere einzugehen

Größtes inneres Bedürfnis

- für vollbrachte Taten bewundert werden

Wie Erwachsene helfen können

- „D"-Kindern ermöglichen, bestimmte Dinge selbst zu entscheiden und zu überwachen.
- „D"-Kindern ihre Grenzen aufzeigen und dabei unterstützen, Einschränkungen zu akzeptieren.
- Wege finden, konstruktiv mit Zornesausbrüchen umzugehen.
- „D"-Kindern helfen, Mißerfolge zu verarbeiten, und ihnen klarmachen, daß sie selbst aber kein Versager sind.

Das „initiative“ Kind

Initiative Kinder sind ständig aktiv und ertragen es kaum, alleine zu sein; sie sagen ganz schnell: „Ich weiß nicht, was ich spielen soll!“ In Wirklichkeit ist gerade niemand zum Spielen da. Kids mit hohem „I“ haben oft wunderbare Ideen, führen diese aber nicht zu Ende, weil sie zwischendurch das Interesse verlieren oder etwas Neues finden. „Er/sie kann nicht eine Minute stillsitzen“ ist eine häufige Klage von Eltern initiativer Kinder. „I“-Kinder handeln impulsiv und denken erst später darüber nach. Sie vertrauen allen, auch Fremde sind schnell gute Freunde. Sie sind sensibel, merken, was andere von ihnen denken, und haben Schwierigkeiten bei Feindschaften. Ihre Liebenswürdigkeit kann schnell in Wut umschlagen, wenn sich ihnen jemand in den Weg stellt. Initiative zeigen ihre Gefühle offen und brauchen viele Streicheleinheiten.

„Ohne Begeisterung, welche die Seele mit einer gesunden Wärme erfüllt, wird nie etwas Großes zustande gebracht werden.“

Adolf Freiherr von Knigge

Wichtige Charakteristika	**Persönliche Vorlieben**	**Unter Druck**
☐ „Es ist sehr einfach für mich, neue Freunde zu gewinnen, auch wenn sie mir völlig fremd sind.“ ☐ ist anderen gegenüber herzlich und gutgläubig ☐ offen für Gefühle anderer ☐ will andere beeindrucken, will „dabei“ sein ☐ voller Energie und Begeisterung, gesprächig, beschäftigt sich mit anderen	☐ sucht nach Anerkennung ☐ liebt es, die Menschen zu unterhalten ☐ braucht Freiheiten, um seine Persönlichkeit zu entfalten, will nicht in Details etc. verwickelt sein ☐ hat eine Abneigung gegen Routine und Kritik ☐ bevorzugt positive, spontane Beziehungen	☐ wird nachlässig, desorganisiert, unrealistisch optimistisch oder übersentimental ☐ greift oftmals mit Worten an, zieht sich dann zurück ☐ überzieht sein „emotionales Konto“

Kreuzen Sie an, was auf Ihr Kind zutrifft!

Tips zur persönlichen Entwicklung

- Zeiteinteilung, Gefühl für Dringlichkeiten entwickeln
- emotionale Kontrolle, Objektivität
- Durchhaltevermögen stärken

Größtes inneres Bedürfnis

- begeisterte Zustimmung ernten, permanente Ermutigung erfahren

Wie Erwachsene helfen können

- „I“-Kinder bei organisatorischen Angelegenheiten unterstützen.
- „I“-Kindern beibringen, in weniger vorteilhaften Situationen entschlossener und direkter zu handeln.
- „I“-Kinder lehren zu verstehen, daß es manchmal nützlich ist, nicht mit dem Strom zu schwimmen.

Das „stetige" Kind

„Ein Kind ist ein Buch, aus dem wir lesen und in das wir schreiben sollen."
Peter Rosegger

Stetige Kinder sind gern Teil einer Gruppe, weshalb sie beim Sport sehr gern in einer Mannschaft spielen. Da sie ein langsameres Tempo haben, gehen sie an neue Dinge nicht so schnell heran. Kids mit hohem „S" können mit festen, genau definierten Abläufen, die zur Routine geworden sind, sehr gut leben. Sie fühlen sich am wohlsten und sichersten, wenn sie sich in einer familiären Umgebung befinden. Sie lieben keine Überraschungen, Unterbrechungen oder ständige Veränderungen. Durcheinander und Krisen verursachen bei ihnen eine große innere Unruhe. Stetige Kids leiden viel mehr unter familiärer Instabilität als andere Kinder. Sie kommen mit vielen Menschen gut zurecht und fühlen sich vor allem mit beziehungsorientierten Eltern wohl.

Kreuzen Sie an, was auf Ihr Kind zutrifft!

Wichtige Charakteristika

- „Ich fühle mich am wohlsten, wenn ich weiß, was andere von mir erwarten."
- tendiert zu Zurückhaltung und Gelassenheit
- kommt mit verschiedenen Menschen gut zurecht
- ist motiviert durch Gruppenarbeiten
- bleibt an Aufgaben dran, ist ein aufmerksamer Zuhörer

Persönliche Vorlieben

- liebt es, wenn Dinge möglichst unverändert bleiben
- mag es, mit anderen zusammen alle möglichen Aufgaben zu erledigen
- mag die ernsthafte Wertschätzung von anderen
- meidet Veränderungen, Konflikte, Konfrontationen
- schätzt Sicherheit, stabile Umgebung

Unter Druck

- paßt sich zu sehr an, möchte um jeden Preis gefallen
- tendiert zur Unentschlossenheit
- spielt Dinge herunter, um Veränderungen zu vermeiden

Tips zur persönlichen Entwicklung

- mehr Entschiedenheit, Flexibilität und Annahme von Veränderungen
- mehr Initiative ergreifen
- keinen Ärger oder Groll festhalten
- weniger besitzergreifend sein

Größtes inneres Bedürfnis

- als Person hoch- und wertgeschätzt zu werden

Wie Erwachsene helfen können

- „S"-Kinder die Kehrseiten von Routinen und Regeln begreifen lassen.
- „S"-Kinder zu mehr Bestimmtheit ermutigen.
- S"-Kindern die eigenen vorhandenen Gefühle bewußtmachen.
- S"-Kinder lehren, die Handlungen und Absichten anderer objektiver zu sehen, statt persönlich zu nehmen.

Das „gewissenhafte" Kind

Gewissenhafte Kinder denken bereits früh analytisch. Sie nehmen schon als Kind das Leben sehr ernst. Was auch immer sie tun, muß ihren Vorstellungen gerecht werden. Ihr Gespür für Ordnung bildet sich schon sehr früh. Sie stapeln ihre Spielzeuge, legen sie in eine Reihe, ordnen Puzzles und lösen Aufgaben durch Genauigkeit. Sie haben im allgemeinen einen Platz für ihre Spielsachen, alles ist sauber aufgeräumt. Kids mit hohem „G" haben oft mit ihrem mangelnden Selbstbewußtsein zu kämpfen, wenn sie ihren hohen Maßstäben nicht gerecht werden. Sie bevorzugen es, Dinge allein zu tun. Gewissenhafte Kinder vermeiden Konflikte und lenken lieber ein. Sie lernen schnell, mit anderen auszukommen, indem sie herausfinden, was von ihnen erwartet wird. Forderungen stellen sie eher indirekt als offen und direkt.

„Kinder rechnen nicht mit der Zeit, daher ihre langen und gründlichen Beobachtungen."

Jakob Boßhart

Wichtige Charakteristika	Persönliche Vorlieben	Unter Druck
☐ „Ich muß die Dinge richtig machen. Ich fühle mich unwohl, wenn ich Fehler mache." ☐ ist motiviert, gründlich und genau ☐ zeigt Umsicht und Neugier ☐ hat hohe persönliche Leistungsmaßstäbe ☐ behält meistens recht	☐ zieht es vor, unter Leuten noch sorgfältiger, ruhiger und aufmerksamer zu sein ☐ besteht darauf, Fakten zu diskutieren ☐ wünscht Ruhe, um sich auf wichtige Details konzentrieren zu können ☐ Dinge müssen einen Sinn haben, bevor sie entschieden werden	☐ wird ängstlich und verwirrt ☐ perfektionistisch, zwanghaft ☐ zieht sich zurück, benötigt Zeit, alles zu durchdenken ☐ denkt zu viel, z.B. „Was wäre, wenn?"

Kreuzen Sie an, was auf Ihr Kind zutrifft!

Tips zur persönlichen Entwicklung

- größere Toleranz für Konflikte und menschliche Unzulänglichkeiten entwickeln
- lernen, Gefühle auszudrücken

Größtes inneres Bedürfnis

- unaufhörlich behütet zu sein, ohne daß es ausgesprochen werden muß

Wie Erwachsene helfen können

- „G-Kids" helfen, mehr Konzentration darauf zu richten, „wer" sie sind, als darauf, „was" sie tun.
- „G"-Kindern ihren Stellenwert als Mensch versichern und bestätigen.
- „G"-Kindern geduldig ihre Fragen beantworten und die „Warum's" erklären.

„Kinder müssen mit Erwachsenen sehr viel Nachsicht haben."
Antoine de Saint-Exupéry

Wie erkenne ich meinen Erziehungsstil?

Der eigene Erziehungsstil ist unmittelbar mit dem bevorzugten *Verhaltensstil* **D**, **I**, **S**, oder **G** verbunden. Falls Sie unseren „1x1"-Test für das Umfeld „Familie" ausgefüllt haben, können Sie direkt auf dieses Ergebnis zurückgreifen (siehe Seiten 18-19); andernfalls wiederholen Sie bitte den Test für Ihr familiäres Umfeld.

Situativ kann auch ein anderes Erziehungsverhalten als der persönliche Verhaltensstil angebracht sein (vgl. „Situatives" Führen, siehe Seiten 64-66).

Unsere Zitate-Matrix gibt Ihnen – direkt aus dem Familienleben gegriffen – typische Beispiele unterschiedlicher Erziehungsstile wieder. Sicherlich kommt Ihnen das eine oder andere sogar bekannt vor – vielleicht noch aus der eigenen Kindheit? Welches ist Ihr bevorzugter *Erziehungsstil?*

Aussagen hoher D – Eltern

- „Solange du unter meinem Dach lebst, machst du das, was ich will!"
- „Du tust es, weil ich es sage, und damit basta!"
- „Frag nicht immer warum, sondern tu' endlich, was ich dir sage!"
- „Es ist mir egal, wie viele deiner Freunde hingehen. Du gehst nicht!"
- „Wage es ja nicht zu widersprechen, sonst ...!"

Aussagen hoher I – Eltern

- „Habe ich nicht einen tollen Kuchen für euch gebacken?"
- „Ich wünsche euch bei Opa und Oma ein ganz tolles Wochenende!"
- „Hey, wir haben ja ganz vergessen, für unsere Fete einzukaufen!"
- Nach dem 5. Mal: „Ilse, das ist das letzte Mal, daß ich dir das sage!"
- „Ich bin stolz auf euch, und ich liebe euch!"

Aussagen hoher G – Eltern

- „Ich habe es gleich gewußt, daß du es nicht fertigbringst!"
- „Du müßtest viel dankbarer sein, nach allem, was ich für dich getan habe!"
- „Du hast das nicht schlecht gemacht, aber ...!"
- „Entweder du machst etwas richtig, oder du läßt es ganz bleiben!"
- „Solch ein schlechtes Zeugnis hatte ich in meinem ganzen Leben noch nicht!"

Aussagen hoher S – Eltern

- „Möchtet ihr Kinder etwas zu trinken haben?"
- „Paß auf dich auf, und zieh dich warm an!"
- „Streitet doch nicht immer miteinander, das macht mich ganz nervös!"
- „Es gefällt mir zwar nicht, was du vorhast, aber wenn du meinst ...!"
- „Wieso wollt ihr jetzt alle ins Freibad – statt wie ausgemacht ins Kino?"

Erziehungstips für Eltern

Nachdem Sie Ihren eigenen Erziehungsstil erkannt haben, folgen nun Empfehlungen, wie Sie – passend zu Ihrem persönlichen Verhaltensstil – Kinder effektiver „führen“, mit ihnen besser kommunizieren, auf ihr Tempo angemessen eingehen und eigene Engpässe überwinden können.

„D"- Eltern	„I"- Eltern	„S"- Eltern	„G"- Eltern	Erziehungs-Schwerpunkte
■ Akzeptieren Sie, daß Sie nicht immer alles kontrollieren können. ■ Sie sollten wissen, daß Ihre Kids auf Ihre „dominanten“ Anweisungen eventuell nicht mehr reagieren, wenn Ihre Reaktionen für das Kind immer demütigend sind.	■ Initiative Eltern müssen lernen, einige der „hohen D“- und „hohen G“-Fähigkeiten anzuwenden, so daß sie nicht in einen ineffektiven, zu toleranten Erziehungsstil abrutschen. ■ Konzentrieren Sie sich darauf, mehr zuzuhören.	■ Wer Kids immer wieder erlaubt, Grenzen zu übertreten, wird ihnen auf lange Sicht Schaden zufügen. ■ Kids, denen alle Wünsche erfüllt werden, können von ihren Eltern abhängig werden, auch wenn sie schon lange erwachsen sind.	■ Eltern mit hohem „G“ sollten etwas von Eltern mit hohem „I“ und „S“ lernen. So können Sie vor Perfektionismus bewahrt werden. ■ Wenn Kinder gerne Aufgaben anders als Sie lösen wollen, sollten Sie hierzu Raum für Kreativität lassen.	**Wie Sie Kinder „führen“ können**
■ Geben Sie keine zu schnellen Antworten, aber genaue Erklärungen, besonders dann, wenn Sie Kids Anweisungen zur Erledigung einer Aufgabe geben. Lassen Sie es zu, daß Kids Fragen stellen können, ohne in die Defensive gedrängt zu werden.	■ Bleiben Sie konsequent, wenn Sie Kids ihre Grenzen mitteilen. Zeigen Sie, daß Sie mit „Ja“ auch Ja meinen, und mit „Nein“ ein Nein. Lassen Sie sich nicht auf Überredungsversuche ein. Denken Sie nicht, daß Sie immer alles erklären müßten.	■ Zeigen Sie Ihre Gefühle offener. Sagen Sie es laut, wenn Sie sich über etwas ärgern, statt Ihren Frust in sich hineinzufressen. Seien Sie entschlossener, halten Sie sich strikt an die Regeln, die Sie für sich selbst festgelegt haben.	■ Erwarten Sie nicht, daß die Kinder Ihre Gedanken lesen können. ■ Stellen Sie nicht zu viele Fragen, es könnte sonst wie ein Verhör aussehen. ■ Überfordern Sie Ihre Kinder nicht mit zu vielen Erklärungen und Details.	**Wie Sie mit Kindern kommunizieren können**
■ Werden Sie bei Kids mit einem langsameren Tempo nicht ungeduldig. ■ Zügeln Sie Ihr Tempo, damit Ihre Familie und auch Sie selbst Gelegenheit und Muße haben, sich zu erholen.	■ Schalten Sie auf ein langsameres Tempo, vor allem, wenn Sie „S“- und „G“-Kinder haben. Wenn Sie das nicht beachten, kann Ihr schnelles Tempo bei Ihren Kids ein hohes Maß an innerem Streß oder Druck verursachen.	■ Es gibt Zeiten, in denen Sie für Ihre Kinder ein schnelleres Tempo vorlegen und sich aus Ihrer „Komfortzone“ herauswagen müssen. Übernehmen Sie häufiger die Initiative, wenn es erforderlich ist.	■ Entspannen Sie sich, und zeigen Sie zumindest beim Zusammensein in Ihrer Familie größere Spontaneität. ■ Rechnen Sie damit, daß andere schneller Entscheidungen treffen als Sie selbst. Diese müssen deshalb nicht schlechter sein.	**Wie Sie auf das Tempo von Kindern eingehen können**
■ Geben Sie es offen zu, wenn Sie sich geirrt oder einen Fehler gemacht haben. Zeigen Sie, daß es Ihnen leid tut, und bitten Sie um Entschuldigung.	■ Machen Sie sich bewußt, daß es Ihnen schwerfällt, „Nein“ zu sagen. Auch wenn sich Ihre Kids über Sie im Moment ärgern müssen, werden sie es Ihnen später einmal danken.	■ Es ist nicht lieblos, sich einmal Zeit für sich selbst zu nehmen. Planen Sie mindestens ein Ereignis pro Woche ein, bei dem Sie Ihren emotionalen Tank wieder auffüllen können, den Sie für andere so gerne leeren.	■ Beachten Sie, daß die Aufgaben, Pflichten und Projekte Ihrer Kinder nicht wichtiger als die Kinder selbst sind. Machen Sie sich die Tatsache bewußt, daß niemand immer alles richtig machen kann, und vermitteln Sie dies den Kindern.	**Welche eigenen Engpässe Eltern beachten sollten**

Elternstrategien:

„Erziehung ist Beispiel und Liebe, sonst nichts."
Friedrich Fröbel

Nutzen Sie die erkannten Verhaltensweisen Ihres Kindes, um es besser zu verstehen und seine besonderen Stärken zu unterstützen.

Achtung: Engpässe sind Übertreibungen von Stärken!

Verhaltenstendenzen Ihres Kindes	Engpässe, die Sie bei Ihrem Kind erkennen können	Stärken, die Sie bei Ihrem Kind unterstützen sollten
„D"-Kind	☐ ungeduldig ☐ selbstbezogen ☐ kommt nicht zur Ruhe ☐ greift als erster an ☐ stur ☐ leichtsinnig ☐ unverblümt, rauh ☐ kein Einfühlungsvermögen	zielorientiert ☐ überzeugt, zuversichtlich ☐ erzielt Resultate ☐ wetteifert mit anderen ☐ entschlossen ☐ mutig ☐ direkt, aufrichtig ☐ antwortet schnell ☐
„I"-Kind	☐ leicht aufzuregen, emotional ☐ redet zuviel ☐ unrealistisch ☐ unorganisiert ☐ impulsiv, undiszipliniert ☐ manipulierend ☐ richtet sich nach seinem Umfeld ☐ Tagträumer	begeistert ☐ guter Unterhalter ☐ optimistisch ☐ viele Aktivitäten ☐ spontan ☐ überzeugend ☐ kontaktfreudig ☐ phantasievoll ☐
„S"-Kind	☐ blockiert Veränderungen ☐ unentschlossen ☐ langsames Tempo ☐ Mangel an Initiative ☐ übermäßige Anpassung ☐ nicht gesprächig ☐ leicht zu manipulieren ☐ übermäßig abhängig	standhaft ☐ stabil ☐ systematisch ☐ gelassen ☐ nett, entgegenkommend ☐ guter Zuhörer ☐ ein Herz für andere ☐ zuverlässig ☐
„G"-Kind	☐ kritisch ☐ ungesellig ☐ sorgt sich zuviel ☐ leicht zu verletzen ☐ perfektionistisch ☐ fürchtet Kritik an seiner Arbeit ☐ undankbar ☐ Naseweis, Besserwisser	analytisch ☐ vorsichtig, ernsthaft ☐ gewissenhaft ☐ sensibel, intuitiv ☐ ordentlich ☐ macht Dinge korrekt ☐ hohe persönliche Standards ☐ neugierig, fragend ☐

Wie Sie das Selbstwertgefühl Ihres Kindes aufbauen

Finden Sie - alternativ zu unseren Aussagen - *eigene* Beispiele und Formulierungen, die Ihrer Prägung, Neigung und Ihrem kulturellen Hintergrund entsprechen.

„Kinder sind die lebenden Botschaften, die wir einer Zeit übermitteln, an der wir selbst nicht mehr teilhaben werden."
Neil Postman

Bestätigung und Ermutigung für Ihr Kind

Diese Bejahungen (Affirmationen) sind Aussagen, wie Sie die Persönlichkeit des anderen positiv sehen können. Sie verstärken das gezeigte Verhalten und unterstützen sein persönliches Wachstum. Es hängt von Ihrer Sichtweise ab, ob Sie die gezeigte Verhaltensintensität Ihres Kindes als akzeptabel (Stärke) oder als übertrieben (Engpaß) betrachten.

- Ich mag deine Art, wie du die Dinge angehst und sie verfolgst.
- Ich freue mich, daß du die Dinge auf deine Art in die Hand nimmst.
- Es ist erstaunlich, wieviel du zustandebringst, wenn du dich für eine Sache ganz einsetzt.
- Ich habe bemerkt, daß du dich voll einsetzt, um zu gewinnen.
- Du scheinst zu wissen, was du willst, und gehst dem auch nach.
- Ich bewundere dich, wie unerschrocken du an Situationen herangehst.
- Du hast eine sehr ehrliche Art, genau auszudrücken, wie du Dinge empfindest.
- Du reagierst schnell auf eine Situation und suchst nach einer Lösung.

- Deine Begeisterung ist ansteckend!
- Du bist sehr begabt, deine Gedanken, Meinungen und Ideen zu äußern.
- Ich werde ermutigt durch deine positive Haltung.
- Du bist so eifrig, an allem teilzunehmen, was um dich herum vorgeht.
- Ich schätze deine Art, dich schnell in Dinge hineinzuversetzen.
- Du hast eine einzigartige Fähigkeit, Menschen zu motivieren.
- Du magst Menschen wirklich und möchtest, daß Sie dich mögen.
- Was für eine großartige Idee! Du hast eine so kreative Phantasie.

- Es ist in Ordnung, Dinge zu mögen, die gleichbleiben.
- Wenn du dich für etwas entschieden hast, bleibst du dran.
- Ich finde es gut, daß du dir Zeit nimmst, um Dinge gut zu machen.
- Deine entspannte Art macht deine Gesellschaft angenehm.
- Durch deine Anpassungsfähigkeit kommst du mit jedermann gut aus.
- Deine Art, anderen wirklich zuzuhören, gibt den Leuten ein gutes Gefühl.
- Ich schätze dein mitfühlendes Wesen und deine Gutmütigkeit.
- Ich kann immer auf deine Unterstützung rechnen.

- Das ist wirklich eine großartige Arbeit! Du hast alles Schritt für Schritt genau durchdacht.
- Ich weiß, daß du alles, was du tust, sehr sorgfältig durchdenkst.
- Du arbeitest so hart. Ich schätze, daß du immer dein Bestes gibst.
- Ich mag deine Art, aufmerksam zu sein für das, was andere denken und fühlen.
- Ich kann mich darauf verlassen, daß du Dinge präzise und genau tust.
- Du wendest viel Zeit und Energie auf, um sicherzugehen, daß die Dinge richtig getan werden.
- Die Art, wie du versuchst, das Beste in allem zu tun, was du machst, ist ein gutes Beispiel für andere.
- Es ist ein guter Zug, daß du alles Mögliche verstehen möchtest, um eine Sache zu ergründen.

„Die Langeweile ist eine der furchtbarsten Plagen unserer Zeit.“
Erich Fromm

Wie kann ich „D“- und „I“-Kinder besser fördern?

Unterstützen Sie die Persönlichkeitsentwicklung des „dominanten“ bzw. „initiativen“ Kindes so, daß Sie seinen Bedürfnissen möglichst gerecht werden.

„D“- Kinder

- brauchen genau definierte Gebiete, in denen sie Verantwortung tragen und Kontrolle übernehmen können. Das Maß dieser Verantwortungen sollte mit zunehmendem Alter des Kindes steigen.
- brauchen Herauusforderungen, Wettbewerbsmöglichkeiten, Veränderungen und Entscheidungsmöglichkeiten.
- müssen verstehen lernen, daß man trotz richtiger Ziele Mißerfolge erleben kann und dies trotzdem nichts mit Versagen zu tun haben muß.
- müssen darauf hingewiesen werden, wie wichtig Grenzen sind.
- brauchen Hilfestellungen, um langsamer und durchdachter ihre Aufgaben anzugehen. Zeigen Sie ihnen auch, wann es an der Zeit ist abzuschalten.
- leben in einer Welt der Realitäten und Ergebnisse, nicht der Gefühle. Lehren Sie Ihr Kind anhand vergangener Konflikte, Mitgefühl und Verständnis für andere zu zeigen, die verletzt oder enttäuscht wurden.
- müssen alles genau, logisch und klar mitgeteilt bekommen, wenn Sie ihr Verhalten korrigieren wollen. Sie rebellieren, wenn Forderungen oder Bestrafungen nicht logisch oder fair scheinen, stellen Ihr Handeln in Frage und versuchen, eine geringere Bestrafung auszuhandeln. Seien Sie kurz und prägnant. Geben Sie ihnen nach Konfrontationen die Gelegenheit nachzudenken, bevor Sie sie darauf ansprechen.

„I“- Kinder

- brauchen eine freundliche Umgebung und viel Spaß. Ständige Ermutigungen sind für „I“-Kids der Schlüssel zum Erfolg. Mit einem Wort der Ermutigung erreichen Sie viel mehr als mit Kritik oder Anschreien.
- müssen früh angeleitet werden, ihr Zimmer sauber zu halten und mit Geld richtig umzugehen.
- müssen lernen, manche Dinge aufzuschreiben, sich zu organisieren und Dinge zu Ende zu bringen. Bleiben Sie dran, und leiten Sie Ihr Kind praktisch an, wie es Ihre Erwartungen in kleinen und auch großen Schritten erfüllen kann. Loben Sie es häufig. Erwarten Sie keine Wunder.
- müssen lernen, in ungünstigen Situationen standfest und direkt zu sein.
- brauchen die Anerkennung anderer. Sie wollen das tun, was alle anderen auch tun.
- wollen dafür gelobt werden, was sie erreicht haben, ohne darauf hingewiesen zu werden, was sie nicht so gut gemacht haben. Sie brauchen ein Umfeld, in dem ihr Handeln nicht beurteilt wird.
- haben ein größeres Bedürfnis nach Zuneigung als Kinder der anderen Verhaltensstile. Umarmen Sie Ihr Kind, halten Sie es fest, küssen Sie es, und berühren Sie es häufig.

Wie kann ich „S"- und „G"-Kinder besser fördern?

Unterstützen Sie die Persönlichkeitsentwicklung des „stetigen" bzw. „gewissenhaften" Kindes so, daß Sie seinen Bedürfnissen möglichst gerecht werden.

„Kinder und Uhren dürfen nicht ständig aufgezogen werden, sie müssen auch gehen."
Jean Paul

„S"- Kinder

- brauchen ein stabiles, sicheres Umfeld. Sind Veränderungen nötig, so erklären Sie ihnen, welche Auswirkungen diese auf ihr Leben haben können, und geben Sie ihnen genügend Zeit, sich daran zu gewöhnen.
- brauchen persönliche Unterstützung und ehrliche Anerkennung. Das Kind möchte es allen recht machen. Zeigen Sie Geduld. Es fürchtet Konfrontationen und Konflikte. Es hat ein tiefes Bedürfnis, für einen anderen Menschen etwas Besonderes zu sein. Übersehen Sie es also nicht einfach, nur weil es keine Forderungen stellt.
- sollten Sie anleiten, wie sie ihre Ziele in die Zusammenarbeit einbringen und auch durchsetzen können.
- brauchen Ermutigung, Aufgaben auch einmal anders anzugehen.
- brauchen Hilfe, Gefühle zu zeigen – auch Wut. Reden Sie mit ihnen in einer freundlichen Umgebung über ihre Reaktionen in Konfliktsituationen.
- brauchen Anleitung, um sich selbst Ziele zu setzen. Belohnen Sie sie dafür. Stetige Kinder arbeiten viel besser, wenn sie ihre Aufgaben auf einer Liste abhaken können.
- müssen lernen, selbst Entscheidungen zu treffen, indem Sie ihnen schon früh verschiedene Auswahlmöglichkeiten bieten.

„G"- Kinder

sind davon überzeugt, daß wir, wenn wir sie wirklich lieben, ihre Bedürfnisse kennen, ohne daß sie uns diese nennen müssen. Erforschen Sie ihre Gefühle, um zu erfahren, was in ihnen vorgeht. Helfen Sie ihnen, ihre Gefühle mit Worten auszudrücken.

brauchen Zeit, um Qualitätsarbeit zu leisten. Drängen Sie „G"-Kinder nicht.

sollten nie gesagt bekommen, daß ihre Probleme oder Bedenken unsinnig oder sie zu pingelig sind. Dies würde ihnen das Gefühl geben, daß ihre Lebensauffassung nichts wert ist, und ihre Minderwertigkeitsgefühle verstärken.

müssen lernen, eine größere Toleranz in Konfliktsituationen oder bei Unvollkommenheit zu entwickeln. Niemand hat immer recht – auch sie nicht.

sind kritisch und beklagen sich häufig. Lehren Sie „G"-Kinder früh, mit diesem Verhalten richtig umzugehen.

stecken ihre Ziele oft so hoch, daß sie unerreichbar bleiben. Deshalb kämpfen sie ständig gegen Minderwertigkeitsgefühle und Unzulänglichkeiten. Stärken Sie ihr Selbstvertrauen, indem Sie betonen, daß sie als Menschen wertvoll sind und nicht, weil sie etwas tun. Zeigen Sie ihnen, wie sie in der Zukunft mit ihren natürlichen Stärken und Fähigkeiten große Ergebnisse erzielen können.

4. Was setze ich um – was muß ich ändern?

Entwicklung einer Anpassungsstrategie

„Es sind nicht die sachlichen Unterschiede, die das Zusammenleben so schwer machen, sondern die menschlichen."
Lebenserfahrung

Für das Zusammenleben und -arbeiten mit anderen Menschen ist es wichtig, sich bewußtzumachen, daß jeder Mensch *anders* ist. Deshalb müssen wir *anpassungsfähig* werden und lernen, mit unterschiedlichen Menschen auch unterschiedlich umzugehen, sei es im Umgang mit unseren Mitarbeitern und Teammitgliedern, Kunden, Freunden, Partnern, Eltern oder Kindern.

Anpassungsstrategie bedeutet, unser eigenes Verhalten an die speziellen Bedürfnisse einer *Person* oder *Situation* anzupassen („Versatility"). Zeigen wir eine

- geringe Anpassungsfähigkeit, verändern wir unser persönliches Verhalten in unterschiedlichen Situationen kaum oder gar nicht;
- hohe Anpassungsfähigkeit, sehen wir in fast allen Situationen nur den anderen und verhalten uns so, wie wir glauben, daß es notwendig ist.

Keines dieser beiden Extreme ist strategisch sinnvoll. Das optimale Verhalten liegt darin, einerseits ganz man selbst zu sein, andererseits jedoch sensibel und aufmerksam festzustellen, wann eine Anpassung nötig ist und was das konkret bedeutet.

Wir können andere nicht durch direktes Handeln verändern. Wenn wir aber unser Verhalten an die Bedürfnisse eines anderen Menschen anpassen, wird dieser eher positiv auf unser Verhalten reagieren, weil seine Bedürfnisse erfüllt werden.

Wie anpassungsfähig sind Sie?

Im allgemeinen halten wir uns für anpassungsfähiger, als wir eigentlich sind. Bewerten Sie nun Ihre eigene Anpassungsfähigkeit. Nachfolgend finden Sie einige Verhaltensweisen, die auf eine gute Anpassungsfähigkeit hinweisen. Denken Sie über jede Aussage kurz nach, und antworten Sie so, wie Ihr *Umfeld* (!) Sie einschätzen würde:

„Wer Menschenkenntnis besitzt, ist gut; wer Selbsterkenntnis besitzt, ist erleuchtet."
Ostasiatische Weisheit

Mein Verhalten	Meine Umwelt (!) sieht mich so stark 1	 2	 mittel 3	 schwach 4	 5
1. Ich strebe nach Beziehungen, in denen jeder gewinnt.	■	■	■	■	■
2. Ich habe eine offene Haltung und bin flexibel.	■	■	■	■	■
3. Ich bin bereit, mich zu ändern, um den Bedürfnissen des anderen entgegenzukommen.	■	■	■	■	■
4. Ich gebe anderen den Eindruck, daß ich gut mit ihnen auskommen möchte.	■	■	■	■	■
5. Ich beeinflusse Situationen und Ergebnisse eher durch die Kraft meiner Persönlichkeit als durch meine Machtposition.	■	■	■	■	■
6. Ich stelle sicher, daß andere sich wohlfühlen.	■	■	■	■	■
7. Ich gehe gut mit Situationen um, in denen ich mich nicht wohlfühle.	■	■	■	■	■
8. Ich achte auf das, was der andere sagt oder tut.	■	■	■	■	■
9. Ich bin geduldig und ein guter Zuhörer.	■	■	■	■	■
10. Ich mache mir Gedanken um das Wohlergehen anderer.	■	■	■	■	■
Zwischensummen	x1 +	x2 +	x3 +	x4 +	x5 = Punkte

Um Ihre eigene Anpassungsfähigkeit zu ermitteln, zählen Sie die Punkte einfach zusammen.

Auswertung:

Beträgt Ihr „1x1"-AQ (Anpassungs-Quotient)

■ 10 - 20 Punkte,
sind Sie besonders anpassungsfähig.

■ 21 - 30 Punkte,
sind Sie relativ gut anpassungsfähig.

■ 31 - 40 Punkte,
sind Sie weniger anpassungsfähig.

■ 41 - 50 Punkte,
sind Sie bisher nicht anpassungsfähig.

Wie entwickeln Sie eine größere Anpassungsfähigkeit?

„Der Weg des Toren gilt ihm selbst als richtig, ein Weiser aber hört den Rat."
Salomon

Anpassungsfähigkeit ist situationsbedingt und hängt davon ab, was „auf dem Spiel" steht. In *beruflichen* Situationen sind wir meistens anpassungsfähiger, weil wir einen guten Eindruck machen möchten. *Privat* geben wir uns eher so, wie wir sind. Anpassungsfähigkeit ist sowohl

- eine *Haltung* – wir müssen nämlich wollen – als auch
- eine *Fertigkeit,* indem wir so handeln, wie es der Situation entspricht.

Wir müssen nicht bei unserem jetzigen Grad der *Anpassungsfähigkeit* bleiben, sondern können dazulernen und uns selbst ändern. Vielen fällt es jedoch schwer, weil wir immer wieder in alte, gewohnte Verhaltenstendenzen zurückfallen. Eine praktische Orientierung für eine größere Anpassungsfähigkeit gibt Ihnen die folgende Tabelle:

Ihre Verhaltenstendenzen	**hohes „D"**	**hohes „I"**	**hohes „S"**	**hohes „G"**
Legen Sie weniger Wert darauf: (bis jetzt)	Menschen und Situationen in Ihrer Umwelt zu bestimmen.	Anerkennung durch andere als wichtigste Motivationsquelle zu sehen.	Neuen Ideen zu widerstehen; Konflikte und Veränderungen zu scheuen.	Perfektionistisch zu sein; die Schwächen bei sich und anderen zu betonen.
Seien Sie eher: (ab heute)	■ geduldig ■ anerkennend ■ offen für andere ■ bereit, andere anzuhören	■ Zuhörer statt Sprecher ■ offen für Daten, Fakten ■ vorbereitet ■ organisiert	■ direkt mit Ihrer Meinung ■ offen für Gespräche und Diskussionen ■ offen für Veränderungen ■ anpassungsfähig	■ flexibler bei Problemlösungen ■ offen für die Ansichten anderer ■ bereit, Risiken mitzutragen ■ mitfühlend

Schritte zu einer größeren Anpassungsfähigkeit

Um Ihre Anpassungsfähigkeit gegenüber anderen Menschen zu verbessern, sollten Sie in fünf Schritten vorgehen:

„Alles nun, was ihr wollt, daß euch die Menschen tun sollen, das tut auch!“
Jesus Christus

Fünf Schritte der 1x1-Anpassungsstrategie

1. Schritt

Durch *Beobachten* den bevorzugten Verhaltensstil anderer Menschen erkennen.

2. Schritt

Auf die zwischen*menschlichen Bedürfnisse* anderer Menschen eingehen.

3. Schritt

Eine *positive Einstellung* gegenüber Menschen mit anderem Verhaltensstil entwickeln.

4. Schritt

Herausfinden, welche Spannungen Sie bei bestimmten Menschen verursachen könnten; *Konfliktbereiche* identifizieren.

5. Schritt

Ihre gewonnene *Anpassungsfähigkeit* so *einsetzen,* daß die zwischenmenschlichen Bedürfnisse dieser Menschen erfüllt werden.

Jeder Mitarbeiter, Chef, Kunde, Freund, Partner oder jedes Kind hat Erwartungen an uns. Wir müssen spüren, in welchen Situationen sich der andere unwohl fühlt, indem wir sein *Verhalten* beobachten und unser Verhalten dann so anpassen, daß Spannungen abgebaut werden und der andere sich besser fühlt. Dies fällt um so schwerer, desto verschiedener der andere ist.

1. Schritt: Durch Beobachten das Verhalten anderer erkennen

„Überlegen macht überlegen."
Antoine de Saint-Exupéry

Verhaltenstendenzen beobachten, ohne zu bewerten

Unsere Checkliste „Grobeinschätzung" hilft Ihnen, sich ein vorläufiges Bild vom vorherrschenden Verhaltensstil anderer Menschen, z. B. im Gespräch, zu machen:

■ Beobachten Sie das tatsächliche *Verhalten* der Person, d. h., *was* sie tut, sagt und *wie* sie es sagt. Achten Sie besonders auf:

- *Körpersprache* wie Haltung, Gestik, Mimik etc.
- *Ausdrucksweise* wie Tonfall, Tempo, Lautstärke etc.
- *Worte,* d.h. die tatsächliche Botschaft, Formulierung, Inhalt etc.

■ Prüfen Sie zuerst, ob die Person eher *extrovertiert* / direkt oder *introvertiert*/ zurückhaltend, reserviert ist. Dadurch können Sie zunächst Personen mit „**D**"- und „**I**"-Verhalten von Personen mit „**S**"- und „**G**"-Verhalten unterscheiden. Beobachten Sie dann auch andere Verhaltensweisen.

■ Haben Sie die Person als *extrovertiert* eingestuft, prüfen Sie, ob diese

- eher *wetteifernd* und *bestimmend* oder
- eher *gesprächig* und *beeinflussend* ist.

Dadurch unterscheiden Sie zwischen „**D**" und „**I**". Anhaltspunkte für diese Verhaltensstile finden Sie in der Checkliste.

■ Haben Sie die Person als *introvertiert* eingestuft, prüfen Sie, ob diese

- eher *akzeptierend* und *ausführend* oder
- eher *abwägend* und *nachdenkend* ist.

Dadurch unterscheiden Sie zwischen „**S**" und „**G**". Anhaltspunkte für diese Verhaltensstile finden Sie in der Checkliste.

■ Wenn Sie die *vorherrschende* Verhaltenstendenz Ihres Gesprächspartners, z. B. eines Mitarbeiters oder Kunden, festgestellt haben, werden Ihnen vielleicht auch Verhaltensweisen auffallen, die auf einen *anderen Stil* hinweisen. Das ist ganz normal, denn *alle* Menschen zeigen alle vier Verhaltensstile. Worin wir uns von anderen jedoch unterscheiden, ist die unterschiedliche *Kombination* dieser Verhaltenstendenzen.

1x1-Checkliste: Grobeinschätzung

Wählen Sie jeweils die Verhaltensweise aus, welche den deutlichsten Hinweis gibt auf beobachtbare Verhaltenstendenzen der betreffenden Person in einer bestimmten Situation.

„Wer sich dem Notwendigsten widmet, geht überall am sichersten zum Ziel."
Johann Wolfgang von Goethe

1. Check:
verhält sich diese Person mehr ...

☐ extrovertiert/direkt
- ☐ schnelles Tempo
- ☐ eher gesprächig / redegewandt
- ☐ lauteres Reden
- ☐ variabler Tonfall
- ☐ offen für Neues

oder

introvertiert/reserviert ☐
- langsames Tempo ☐
- eher fragend als sagend ☐
- leise/weich sprechend ☐
- eher monoton ☐
- abwartend ☐

2. Check:
verhält sich diese Person eher ...

... wetteifernd und bestimmend?
☐ „D"-Verhalten
- ☐ verschlossene Haltung
- ☐ eher ausdrucksloses / kühles Gesicht
- ☐ kann Gefühle nicht ausdrücken
- ☐ burschikos/hemdsärmelig
- ☐ betont „WAS"-Fragen
- ☐ orientiert sich an Zielen und Resultaten

oder

... gesprächig und beeinflussend?
„I"-Verhalten ☐
- offene Haltung ☐
- animierend/warmes Gesicht ☐
- kann Gefühle mitteilen ☐
- zwanglos, leger ☐
- betont „WER"-Fragen ☐
- konzentriert sich auf Personen und Anerkennung ☐

... abwägend und nachdenkend?
☐ „G"-Verhalten
- ☐ geschlossene Haltung
- ☐ eher ausdrucksloses / kühles Gesicht
- ☐ äußert kaum Gefühle
- ☐ formal
- ☐ betont „WARUM"-Fragen
- ☐ orientiert sich an Qualität und Analyse

oder

... akzeptierend und ausführend?
„S"-Verhalten ☐
- offene Haltung ☐
- eher entspanntes/warmes Gesicht ☐
- kann seine Gefühle mitteilen ☐
- zwanglos ☐
- betont „WIE"-Fragen ☐
- orientiert sich an Stabilität und Kooperation ☐

2. Schritt: Zwischenmenschliche Bedürfnisse anderer berücksichtigen

Wir wollen nun betrachten, wie Sie sich gegenüber den vier verschiedenen Verhaltensstilen effektiv verhalten und auf sie eingehen können.

	D	I	S	G
Wie verhalte ich mich am effektivsten gegenüber...	**Seien Sie direkt** ■ Nennen Sie zuerst die Resultate / Gewinne, und erläutern Sie Details nur, wenn nötig. ■ Seien Sie schnell, und kommen Sie gleich zum Thema. ■ Fordern Sie „D" heraus.	**Zeigen Sie Enthusiasmus** ■ Seien Sie zustimmend, freundlich. ■ Sprechen Sie „I" Lob aus; unterstützen Sie sein Selbstwertgefühl. ■ Geben Sie „I" das Gefühl, daß er gebraucht wird.	**Zeigen Sie Ihre Freundschaft** ■ Zeigen Sie „S" Ihre Freundschaft. ■ Nehmen Sie die Dinge leicht; weisen Sie „S" nicht auf die Ziele hin. ■ Drängen Sie „S" nicht. ■ Ermöglichen Sie es „S", in seinem eigenen Tempo zu reagieren.	**Seien Sie analytisch** ■ Nennen Sie „G" genaue Fakten. ■ Stellen Sie „G" Ihre Ideen sachlich vor. ■ Drängen Sie „G" nicht. ■ Seien Sie gründlich und präzise.
Wie überzeuge ich...	Schlüsselfrage: **Was?** ■ Konzentrieren Sie sich auf Ergebnisse. ■ Präsentieren Sie die Endergebnisse zuerst. ■ Beantworten Sie die Frage: „Was ist der Gewinn?"	Schlüsselfrage: **Wer?** ■ Zeigen Sie Emotionen und Enthusiasmus. ■ Teilen Sie „I" die Aussagen wichtiger Persönlichkeiten mit. ■ Beantworten Sie die Frage: „Welche anderen Personen haben dasselbe getan?"	Schlüsselfrage: **Wie?** ■ Seien Sie freundlich. ■ Nehmen Sie sich für „S" Zeit. ■ Beantworten Sie die Frage: „Wie wollen Sie, daß ich diese Aufgabe erledige?"	Schlüsselfrage: **Warum?** ■ Es ist sehr wichtig für „G", die Dinge „richtig" zu tun. ■ Zeigen Sie Schritt für Schritt, was zu tun ist. ■ Beantworten Sie die Frage: „Warum wollen Sie diese Dinge verändern?"
Wie führe ich...	**Ziele / Resultate** ■ Teilen Sie „D" das *Was* mit, und lassen Sie ihn das Wie selbst bestimmen. ■ Ermöglichen Sie „D", *Kontrolle* und Verantwortung auszuüben.	**Gruppe / Anerkennung** ■ Fragen Sie „I" bei neuen Ideen, Projekten und Mitarbeitern nach seiner Meinung. ■ Loben Sie seine Leistungen im Beisein anderer. ■ Ermöglichen Sie es „I", *Spaß* zu haben.	**Gruppe / Beziehungen** ■ Für „S" ist es wichtig, Aufgaben gemeinsam zu erledigen. ■ Pflegen Sie die Beziehung. ■ Ermöglichen Sie „S" ein *friedliches Umfeld;* verhindern Sie Konflikte.	**Ziele / Qualität** ■ Es ist wichtig für „G", den besten Weg zu finden, um eine Aufgabe zu lösen. ■ Seien Sie dazu bereit, eng mit „G" zusammenzuarbeiten. ■ Geben Sie „G" die Zeit, die Dinge *richtig* zu tun.
Wenn ich anderer Meinung bin als...	Seien Sie einverstanden mit: **seinem Ziel / seiner Kontrolle.** Fragen Sie: „Warum ist das Ihrer Meinung nach der beste Weg? Haben Sie auch Alternativen bedacht, um dieses Ziel zu erreichen?"	Seien Sie einverstanden mit: **seinen Visionen / Zeitvorstellungen.** Lassen Sie etwas Zeit vergehen. „I" regt sich über so viele Dinge auf und wird sich bald der nächsten Sache zuwenden.	Seien Sie einverstanden mit: **der gemeinsamen Zusammenarbeit.** Nehmen Sie sich Zeit, „S" zu erklären, daß diese Meinungsverschiedenheit ihre Beziehung nicht beeinträchtigen wird.	Seien Sie einverstanden mit: **den vorhandenen Tatsachen.** Sammeln Sie Fakten. „G" läßt sich nicht durch das Appellieren an seine Gefühle oder verbale Geschicklichkeit überzeugen.

3. Schritt: Positive Einstellung gegenüber anderen entwickeln

Wir neigen dazu, Menschen, die denselben Verhaltensstil (wie wir) haben, eher nach ihren *Stärken* und Menschen mit einem anderen Verhaltensstil eher nach ihren *Schwächen* zu beurteilen:

„Behandelst Du die Menschen, wie sie sind, machst Du sie schlechter. Behandelst Du sie, wie sie sein können, machst Du sie besser."

Johann Wolfgang von Goethe

	D	I	S	G
Stärken	selbstbewußt schnell energisch zielorientiert entschlußfreudig anspruchsvoll	mitreißend enthusiastisch reagiert schnell kontaktfreudig einflußreich ideenreich	unterstützend geduldig voraussagbar teamfähig loyal zuverlässig	gründlich analytisch ordnungsliebend diplomatisch fleißig kritisch
Schwächen	arrogant überfahrend bestimmend kompromißlos beherrschend überfordernd	leicht erregbar theatralisch voreilig kumpelhaft manipulierend sprunghaft	unselbständig ausnutzbar unflexibel unterordnend unterwürfig abhängig	pedantisch bremsend, stur penibel umständlich freudlos mißtrauisch

Entwickeln Sie eine *positive Einstellung* gegenüber anderen, und beurteilen Sie diese vor allem nach ihren *Stärken*. Gewinnen Sie selbst durch die Stärken der anderen, und gleichen Sie deren Schwächen durch Ihre Stärken aus.

4. Schritt: Konfliktbereiche identifizieren

„Ein Geheimnis, mit allen Menschen in Frieden zu leben, besteht in der Kunst, jeden seiner Individualiät nach zu verstehen.“
Friedrich Ludwig Jahn

Unser Verhalten verursacht dadurch bei anderen Menschen *Spannungen,* daß wir bestimmte Dinge auf eine gewisse Art und Weise tun - oder nicht tun:

Aspekte Ihres Verhaltens, die bei dieser Person Spannungen erzeugen

	Die andere Person ist ein: „D“	Die andere Person ist ein: „I“	Die andere Person ist ein: „S“	Die andere Person ist ein: „G“
Sie sind ein: „D“	Ihre Tendenz zu übermäßiger Kontrolle, wenn dadurch die Freiheiten und Möglichkeiten der anderen Person eingeschränkt werden, die Situation zu kontrollieren.	Ihre starke Ergebnisorientierung und Ihr deshalb nur geringes Interesse an einer angenehmen Atmosphäre.	Ihre Angewohnheit, sich keine Zeit zum Zuhören zu nehmen. Daß Ihnen Ihre Zeit wichtiger ist als eine Beziehung.	Ihr schnelles Tempo und, daraus folgend, mangelnde Gründlichkeit, Ihre große Risikobereitschaft.
Sie sind ein: „I“	Ihre mangelnde Zielorientierung. Ihre zu stark emotionalen Reaktionen und Ihre Redseligkeit.	Ihr Streben nach Anerkennung, vor allem, wenn Sie dadurch die Aufmerksamkeit für die andere Person schmälern.	Die Oberflächlichkeit vieler Ihrer Beziehungen. Ihr schnelles Tempo.	Ihr mangelndes Interesse am Detail. Ihre impulsiven Reaktionen.
Sie sind ein: „S“	Ihre Abneigung gegenüber Veränderungen und Ihre Tendenz zur Unentschlossenheit.	Ihr langsames Tempo und mangelnder Enthusiasmus.	Ihre mangelnde Initiative, besonders wenn die andere Person deshalb die Initiative ergreifen muß.	Daß Ihnen Beziehungen und Menschen wichtiger sind als die Aufgabe.
Sie sind ein: „G“	Ihr langsameres Tempo und methodisches Vorgehen. Ihre geringe Risikobereitschaft.	Ihre Detailorientierung und Ihre mangelnde Spontaneität.	Ihre Tendenz, der anderen Person nicht zu zeigen, wie es Ihnen wirklich geht.	Ihr Streben, Dinge genauer und korrekter zu tun, als es die andere Person kann.

Viele Konflikte sind vermeidbar, die meisten vorhersagbar. Weil Menschen mit *anderen* Verhaltensstilen die Welt auch mit anderen Augen sehen, sind Spannungen vorprogrammiert.

Bei Konflikten erwarten wir zuerst von anderen, daß diese ihr Verhalten ändern – wir selbst jedoch sind weniger dazu bereit. *Wenn nicht Sie – wer dann?*

5. Schritt: Die gewonnene Anpassungsfähigkeit einsetzen

Prüfen Sie, welche der angegebenen Punkte für Sie selbst wichtig sind, um Ihre Beziehungen mit anderen Menschen zu verbessern:

„Wir sind nicht nur für das verantwortlich, was wir tun, sondern auch für das, was wir nicht tun."
Molière

Wenn Sie ein hohes „D" sind

- [ ] Zuhören lernen
- [ ] mehr um Menschen kümmern
- [ ] nicht nur eine Meinung zulassen
- [ ] mehr Unterstützung bieten
- [ ] mehr Offenheit und Wärme
- [ ] mehr Geduld zeigen
- [ ] Beweggründe erläutern
- [ ] weniger Kontrolle ausüben

Wenn Sie ein hohes „I" sind

- [ ] ein langsameres Tempo
- [ ] Emotionen kontrollieren
- [ ] Wert der Aktivitäten beurteilen
- [ ] Durchhaltevermögen verbessern
- [ ] weniger reden, besser zuhören
- [ ] Konzentration auf Details/Fakten
- [ ] Konzentration auf Resultate
- [ ] weniger impulsiv sein

Wenn Sie ein hohes „G" sind

- [ ] mehr Offenheit/Flexibilität
- [ ] mehr Vertrauen auf die Intuition
- [ ] schneller reagieren
- [ ] mehr Wichtigkeit statt Richtigkeit
- [ ] weniger Betonnung auf Fakten legen
- [ ] eine größere Risikobereitschaft zeigen
- [ ] persönlichere Beziehungen entwickeln
- [ ] optimistischer sein

Wenn Sie ein hohes „S" sind

- [ ] sich Konfrontationen stellen
- [ ] direkter, entschlußfreudiger sein
- [ ] lernen, „Nein" zu sagen
- [ ] mehr Entscheidungsfreude zeigen
- [ ] ein schnelleres Tempo
- [ ] Konfrontationen nicht ausweichen
- [ ] weniger empfindlich sein
- [ ] Konzentration auf die Aufgabe

Ganz konkret gilt es zum *Beispiel* als „I"-Typ, ein langsameres Tempo einzuschlagen, häufiger zuzuhören, was tatsächlich gesagt wird, und weniger impulsiv zu sein.

Welches sind Ihre *drei wichtigsten persönlichen Schritte,* die Sie als nächstes angehen müssen, um Ihre *Anpassungsfähigkeit* in Ihren beruflichen oder privaten Beziehungen zu verbessern?

1. ______________________________

2. ______________________________

3. ______________________________

Persönliche Entwicklungspläne für D + I

Abschließend finden Sie für jeden der vier Verhaltensstile eine Zusammenfassung der fünf Schritte Ihrer persönlichen Anpassungsstrategie.

1. Verhalten identifizieren	„D"-Gegenüber	„I"-Gegenüber
2. Zwischenmenschliche Bedürfnisse anderer verstehen	■ Seien Sie direkt. ■ Beantworten Sie das „WAS". ■ Ziele und Resultate erreichen. ■ Stimmen Sie seinen Zielen zu, und akzeptieren Sie Kontrolle.	■ Zeigen Sie Enthusiasmus. ■ Beantworten Sie das „WER". ■ Teamarbeit und Anerkennung bekommen. ■ Zeigen Sie sich mit seinen Vorstellungen und seiner Zeitplanung einverstanden.
3. Positive Einstellung entwickeln	Entschlußfreudig, unabhängig, effizient, praktisch, entschlossen.	Mitreißend, enthusiastisch, dramatisch, kontaktfreudig, persönlich.
4. Konfliktbereiche identifizieren wenn Sie ein „D-Typ" sind	■ Meine Tendenz zu übermäßiger Kontrolle. ■ Meine Tendenz, seine Freiheiten und Möglichkeiten zu stark einzuschränken.	■ Meine Tendenz, selten Lob und Ermutigungen auszusprechen. ■ Meine zu stark ausgeprägte Ergebnisorientierung.
5. Gewonnene Anpassungsfähigkeit einsetzen	■ Weniger Kontrolle ausüben. ■ „D" mehr Handlungsfreiraum geben.	■ „I" häufiger Lob und Unterstützung aussprechen. ■ Öfter zuhören; flexibler sein und sich mehr auf den Menschen konzentrieren.
4. Konfliktbereiche identifizieren wenn Sie ein „I-Typ" sind	■ Meine mangelnde Ergebnisorientierung. ■ Meine starke Emotionalität.	■ Meine Tendenz, die ihm zukommende Aufmerksamkeit zu schmälern. ■ Mein mangelnder Enthusiasmus, wenn es sich nicht um meine eigene Idee handelt.
5. Gewonnene Anpassungsfähigkeit einsetzen	■ Ergebnisorientierter sein. ■ Meine Handlungen und Emotionen besser kontrollieren.	■ „I" größere Aufmerksamkeit zukommen lassen. ■ Ideen unterstützen, „I" öfter loben.
4. Konfliktbereiche identifizieren wenn Sie ein „S-Typ" sind	■ Meine Vorliebe für „Small Talk". ■ Meine indirekten Aussagen und meine Abneigung gegenüber Veränderungen.	■ Mein langsames Tempo. ■ Mein mangelnder Enthusiasmus.
5. Gewonnene Anpassungsfähigkeit einsetzen	■ Direkter und weniger empfänglich dafür sein, was die anderen denken. ■ Offener sein für Veränderungen.	■ Ein schnelleres Tempo. ■ Mich für seine Ideen begeistern.
4. Konfliktbereiche identifizieren wenn Sie ein „G-Typ" sind	■ Mein langsames Tempo und methodischeres Vorgehen. ■ Meine mangelnde Risikobereitschaft.	■ Meine zu starke Konzentration auf Details und Fakten. ■ Meine zu große Kritik an seinen Ideen.
5. Gewonnene Anpassungsfähigkeit einsetzen	■ Schneller reagieren. ■ Größere Risikobereitschaft zeigen.	■ Mich weniger auf Details und Fakten konzentrieren. ■ Ideen optimistisch gegenüberstehen.

Persönliche Entwicklungspläne für S + G

„S"-Gegenüber	„G"-Gegenüber	
■ Zeigen Sie Ihre Freundschaft. ■ Beantworten Sie das „WARUM". ■ Teamarbeit und Beziehungen aufbauen. ■ Betonen Sie die Übereinstimmung und Gemeinsamkeiten.	■ Seien Sie analytisch. ■ Beantworten Sie das „WIE". ■ Ziele und Qualität sicherstellen. ■ Legen Sie Wert auf Zahlen, Daten, Fakten und logische Vorgehensweisen.	**1. Verhalten identifizieren** **2. Zwischenmenschliche Bedürfnisse anderer verstehen**
Unterstützend, bereitwillig, zuverlässig, verläßlich, einverstanden.	Gründlich, ausdauernd, ordnungsliebend, ernsthaft, fleißig.	**3. Positive Einstellung entwickeln**
■ Meine Tendenz, mir keine Zeit zu nehmen, um zuzuhören. ■ Daß mir meine Zeit wichtiger ist als meine Beziehungen.	■ Mein schnelles Tempo und deshalb mangelnde Gründlichkeit. ■ Meine zu starke Risikobereitschaft.	**4. Konfliktbereiche identifizieren** wenn Sie ein „D-Typ" sind
■ Geduldig und weniger direkt sein. ■ Auf mehr persönliche Beziehungen konzentrieren; herzlicher und offener sein.	■ Geduldig und gründlicher sein. ■ Sich mehr Zeit nehmen, um Fakten zu sammeln und so das Risiko zu verringern.	**5. Gewonnene Anpassungsfähigkeit einsetzen**
■ Mein zu schnelles Tempo. ■ Die Oberflächlichkeit mancher meiner Beziehungen.	■ Meine mangelnde Konzentration auf Details. ■ Meine Spontaneität und Impulsivität.	**4. Konfliktbereiche identifizieren** wenn Sie ein „I-Typ" sind
■ Mein Tempo verringern. ■ Tiefere Beziehung zu „S" aufbauen.	■ Mich mehr auf Details und Fakten konzentrieren. ■ Weniger impulsiv sein.	**5. Gewonnene Anpassungsfähigkeit einsetzen**
■ Meine Tendenz, ungern die Initiative zu ergreifen. ■ Meine Unentschlossenheit.	■ Meine Empfindlichkeit gegenüber Kritik. ■ Konzentration auf Menschen, Vorliebe für „Small Talk", Desinteresse an Details.	**4. Konfliktbereiche identifizieren** wenn Sie ein „S-Typ" sind
■ Öfter die Initiative ergreifen. ■ Eine größere Entschlußfreudigkeit zeigen.	■ Weniger sensibel sein. ■ Mich mehr auf die Details der Aufgabe konzentrieren.	**5. Gewonnene Anpassungsfähigkeit einsetzen**
■ Meine Tendenz, nicht offen zu zeigen, wie ich mich wirklich fühle. ■ Mangelndes Interesse an einer Beziehung.	■ Meine Tendenz, alles korrekter als andere machen zu wollen. ■ Meine zu starke Kritik an seiner Arbeit.	**4. Konfliktbereiche identifizieren** wenn Sie ein „G-Typ" sind
■ „S" meine Gefühle mitteilen. ■ Eine Beziehung mit ihm/ihr eingehen.	■ Offener und flexibler gegenüber seinen Vorstellungen werden. ■ Die Qualität seiner Arbeit anerkennen.	**5. Gewonnene Anpassungsfähigkeit einsetzen**

Persönliche Anpassungsstrategie

„Wer aufgehört hat, besser zu werden, hat aufgehört, gut zu sein."
Unbekannt

Wenden Sie nun diese fünf Schritte zur Verbesserung Ihrer Anpassungsfähigkeit bei einer *ganz bestimmten Person* an, die Ihnen wichtig ist und mit der Sie sich eine *effektivere Beziehung* wünschen, z. B. ein Kollege, ein Kunde oder ein Familienmitglied:

Sein/Ihr Name ist:

Meine stärkste Verhaltenstendenz ist:

---

1. Durch Beobachten das Verhalten des anderen erkennen
Seine/ihre DISG-Tendenzen sind (S. 120 f.) :

---

2. Schritt: Auf die Bedürfnisse des anderen eingehen
Seine/ihre zwischenmenschlichen Bedürfnisse sind (S. 122):

Wie verhalte ich mich gegenüber dieser Person:

Wie überzeuge ich diese Person:

Wie führe ich diese Person:

Wenn ich anderer Meinung bin als diese Person:

---

3. Schritt: Positive Einstellung gegenüber anderen entwickeln
Seine/ihre Stärken sind (S. 123) :

---

4. Schritt: Konfliktbereiche identifizieren
Verhaltensweisen von mir, die bei ihm/ihr Spannungen erzeugen (S. 124):

---

5. Schritt: Die gewonnene Anpassungsfähigkeit einsetzen
Welche Verhaltensweisen sollte ich im Hinblick auf diese Person ändern (S. 125):

Verbesserung Ihrer Effektivität

Abschließend finden Sie konkrete Hinweise, wie Sie Ihre *persönliche* Effektivität im Umgang mit anderen durch folgende *Verhaltensstrategien* verbessern können:

„Wer aufgehört hat, zu lernen, ist alt. Er mag zwanzig oder achtzig sein."

Henry Ford

D

- Mehr Zeit nehmen, um mögliche Konsequenzen vor dem Handeln zu überdenken.
- Mehr zuhören und die Gedanken, Gefühle und Erfahrungen anderer mehr berücksichtigen.
- Situationen so lösen, daß beide Seiten „gewinnen" können.
- Eigene Gedankengänge erläutern, statt nur die Schlußfolgerungen zu nennen.
- Lernen, mit anderen im Team zusammenzuarbeiten, ohne gleich das Kommando übernehmen zu wollen.
- Mehr Takt und eine diplomatische Vorgehensweise in der Kommunikation und beim Umgang mit anderen entwickeln.
- Andere wegen ihres Einsatzes anerkennen.

I

- Menschen und Situationen realistischer einschätzen; nicht nur positive Information, sondern auch Negatives berücksichtigen.
- Vorgehensweisen erlernen, um Aufgaben geordnet und rechtzeitig zu erledigen.
- Fähigkeiten entwickeln, fest und direkt mit zwischenmenschlichen Konflikten umzugehen.
- Bereitschaft entwickeln, die negativen Gedanken und Gefühle anderer anzuhören und zu bedenken.
- Konsequenter bei der Erledigung von wichtigen Detailarbeiten werden.
- Besseres Zeitmanagement entwickeln.
- Bei Besprechungen und Gesprächen die erforderliche Zeit vorher abschätzen.

G

- Bestehende Qualitätsansprüche durch Terminbewußtsein ausgleichen.
- Ohne Abwehrhaltung auf Kritik an der eigenen Leistung reagieren.
- Kritik an der Leistung anderer relativieren, indem nicht nur Tatsachen, sondern auch Gefühle berücksichtigt werden.
- Wissen und Information offen mit anderen teilen; dabei auch auf andere hören.
- Selbstoffenbarung und angebrachte Gefühlsäußerungen einüben.
- Bereitschaft entwickeln, über Leistungsmaßstäbe zu verhandeln.
- Offener für die Vorgehensweisen anderer werden.
- Rechthaberei und Sturheit vermeiden.

S

- Fähigkeiten entwickeln, auch auf unerwartete Veränderungen einzugehen.
- Techniken zur schnelleren Entscheidungsfindung erlernen.
- Diskussionen in Gang setzen, um unklare Situationen zu klären.
- Neue Herausforderungen suchen und annehmen.
- Größere Flexibilität auch bei Routinearbeiten entwickeln.
- Nach rationellen Methoden suchen, um die Arbeit effektiver und routinierter zu gestalten.
- Suche nach Hilfsmitteln, die zur Erledigung von Aufgaben hilfreich sein können.

Sich und andere besser verstehen ...

„Ein Geheimnis des Erfolgs ist, den Standpunkt des anderen zu verstehen."
Henry Ford

Ähnliche Verhaltensstile tendieren dazu, miteinander in Einklang zu sein. Die Mischung verschiedener Stile erhöht die Effektivität der Arbeit, kann aber zu zwischenmenschlichen Konflikten führen. Sie können jedoch mit *allen* Persönlichkeiten trotz unterschiedlicher Verhaltensstile zusammenarbeiten, wenn zwei Bedingungen beachtet werden:

- gegenseitiger Respekt und gegenseitiges Vertrauen sowie die
- Bereitschaft, sich auf den anderen einzustellen und *anzupassen*.

... zum Beispiel beim Betreten eines überfüllten Aufzugs:

- **D** kommt, steigt in den Fahrstuhl, drückt den Knopf und schließt die Tür.
- **I** läßt andere noch einsteigen, hält sogar den Fuß zwischen die Tür und sagt: „Kommen Sie herein, Sie werden sonst zu spät zur Arbeit kommen!"
- **S** wird in der Schlange geduldig warten, aber wenn er Sorge hat, zu spät zu kommen, wird er sicherheitshalber die Treppe nehmen.
- **G** wird nach dem Einsteigen durchzählen und – falls über der Höchstgrenze – versuchen, andere zum Aussteigen zu veranlassen, oder dann selbst herausgehen.

... oder beim Betrachten eines Films im Kino:

- **D** kommt zu spät und läßt jeden aufstehen, weil er unbedingt einen Sitz genau in der Mitte der Reihe haben will.
- **I** kommt nur mit einer Gruppe. Sie sorgen für Applaus und unterhalten sich während des Films.
- **S** kommt 15 Minuten früher und sieht den Film zum zweiten Mal.
- **G** ist ein Filmkritiker und liest eine Rezension, ehe er hingeht.

.... oder zu Hause beim Zeitunglesen:

- **D** liest hauptsächlich die Überschriften und verstreut dabei die einzelnen Teile der Zeitung.
- **I** liest zuerst die Todesanzeigen und die Bilder, um zu sehen, ob er jemanden kennt.
- **S** liest die ganze Zeitung durch und schneidet interessante Artikel aus.
- **G** würde am liebsten bei der Zeitung anrufen, wenn ein Wort falsch geschrieben ist.

Wir wünschen Ihnen, daß Sie sich mit Menschen beschäftigen und besser mit solchen harmonieren, die einen *anderen* Verhaltensstil als Sie selbst haben.

Maßnahmenplan „1x1 der Persönlichkeit"

Halten Sie nun fest, was Sie bei der Lektüre und beim Durcharbeiten Ihres „1x1"-Buches als wichtig erkannt haben und konkret umsetzen wollen.

„Wissen und nicht danach zu handeln heißt: noch nicht zu wissen!"
Alte buddhistische Weisheit

Was will ich eingehender bearbeiten und als nächstes konkret umsetzen?

1. Die größten *Stärken* meines persönlichen Verhaltensstils sind:

- ______________________
- ______________________
- ______________________
- ______________________

2. Die größten *Engpässe* meines persönlichen Verhaltensstils sind:

- ______________________
- ______________________
- ______________________
- ______________________

3. Was werde ich tun, um meine *Anpassungsfähigkeit* zu verbessern?

- ______________________
- ______________________
- ______________________

4. Mit welchen *Verhaltensweisen anderer* möchte ich besser zurechtkommen?

- ______________________
- ______________________
- ______________________

5. Mit welchen *Personen* möchte ich meine persönliche *Beziehung* verbessern?

Name der Person	*Was ich konkret ändern will :*
• ________	• ________________
• ________	• ________________
• ________	• ________________
• ________	• ________________
• ________	• ________________

Fangen Sie gleich an: „*Wenn nicht jetzt - wann dann?*"

Literatur über Persönlichkeit und Erfolg

■ Blanchard, Kenneth mit Zigarmi, Patricia und Drea: *Der 01-Minuten-Manager:* Führungsstile. 2. Aufl. Reinbek b. Hamburg: Rowohlt, 1995.

■ Boyd, Charles F., mit Boehi, David und Rohm, Robert A.: *Welche Eltern braucht Ihr Kind?* Wege zu einer typengemäßen Erziehung. Wuppertal: R. Brockhaus, 1997.

■ O'Connor, Michael J. und Merwin, Sandra J.: *The Mysteries of Motivation.* Why People Do The Things They Do. Minneapolis, Minnesota: Performax Systems, 1988 (erhältlich bei DISG-Training, Remchingen).

■ Crisand, Ekkehard: *Psychologie der Persönlichkeit.* Eine Einführung. 7. Aufl. Heidelberg: Sauer, 1996.

■ DISG-Training: *DISG-Verhaltenstendenzen.* Seminar-Video (30 Minuten). Remchingen: DISG-Training, 1995.

■ Ederer, Günter und Seiwert, Lothar J.: *Der Kunde ist König.* Das 1x1 der Kundenorientierung. 3. Aufl. Offenbach: GABAL, 2000.

■ Friedrich, Kerstin; Seiwert, Lothar J. und Geoffrey, Edgar K.: *Das neue 1x1 der Erfolgsstrategie.* EKS® – Erfolg durch Spezialisierung. 9. Aufl. Offenbach: GABAL, 2003.

■ Gay, Friedbert (Hrsg.): *Das DISG-Persönlichkeits-Profil.* Mit dem original DISG-Testmaterial zur Selbstauswertung. 27. Aufl. Offenbach: GABAL, 2003.

■ Gay, Friedbert und Herzler, Hanno: *Ich brauch dich und du brauchst mich.* Begegnung – Bestätigung – Bereicherung. Wuppertal: R. Brockhaus, 1996.

■ Geier, John G.: *Interpretive Introduction.* In: W. M. Marston, Emotions of Normal People. Minneapolis: Persona Press, 1979, S. 1-32 (erhältlich bei DISG-Training, Remchingen).

■ Geier, John G. und Downey, Dorthy E.: *Library of Classical Profile Patterns.* Volumes I-XVI. Minneapolis, Minnesota: Performax Systems, 1979 (16 Hefte, erhältlich bei DISG-Training, Remchingen).

■ Hersey, Paul und Blanchard, Kenneth H.: *Management of Organizational Behaviour:* Utilizing Human Resources. 1. Aufl. 1969; 6. Aufl. Englewood Cliffs, N.J.: Prentice Hall, 1993.

■ Hoberg, Gerrit und Vollmer, Günter: *Persönlichkeitsprofile:* beobachten – einschätzen – verändern. Stuttgart und Dresden: Klett, 1994.

Jung, C. G.: *Psychologische Typen.* 17. Aufl. Solothurn und Düsseldorf: Walter, 1994.

Kaplan, Sylvan und Barbara E. W.: *The Kaplan Report.* A Study of the Validity of the Personal Profile System. Minneapolis, Minnesota: Performax Systems, 1983 (erhältlich bei DISG-Training, Remchingen).

Knoblauch, Jörg: *22 Zeitspartips.* 5. Aufl. Giengen: tempus, 1998.

Küstenmacher, Werner „Tiki": *Der Ich-Kompaß.* Wer bin ich, was kann ich, mit wem kann ich? 3. Aufl. Giengen, Wuppertal und Zürich: DISG-Training und R. Brockhaus, 1996.

Marston, William Moulton: *Emotions of Normal People.* Erstaufl. New York: Harcourt, Brace, 1928; Neu-Aufl. Minneapolis: Persona Press, 1979 (erhältlich bei DISG-Training GmbH).

Meier, C. A.: *Persönlichkeit.* Der Individuationsprozeß im Lichte der Typologie C. G. Jungs. 2. Aufl. Olten und Freiburg i. Br.: Walter, 1986.

Schimmel-Schloo, Martina; Seiwert, Lothar J. und Wagner, Hardy (Hrsg.): *PersönlichkeitsModelle.* Die zehn wichtigsten Modelle für PE und Training. Mit CD-ROM. Offenbach: GABAL, 2002.

Seiwert, Lothar J.: *Das Bumerang-Prinzip: Don't hurry, be happy.* In fünf Schritten zum Lebenskünstler. München: Gräfe und Unzer, 2003 (www.bumerang-prinzip.de).

Seiwert, Lothar J.: *Das Bumerang-Prinzip: Mehr Zeit fürs Glück.* Life-Balance: Gesünder, erfolgreicher und zufriedener leben. Extra: Mit Bumerang und Zeit-Guide. 3. Aufl. München: Gräfe und Unzer, 2003 (www.bumerang-prinzip.de).

Seiwert, Lothar J.: *Das neue 1x1 des Zeitmanagement.* Zeit im Griff, Ziele in Balance. 25. Aufl. München: Gräfe und Unzer, 2003.

Seiwert, Lothar J.: *Life-Leadership.* Sinnvolles Selbstmanagement für ein Leben in Balance. Frankfurt und New York: Campus, 2001.

Seiwert, Lothar J.: *Wenn du es eilig hast, gehe langsam.* Das neue Zeitmanagement in einer beschleunigten Welt. 8. Aufl. Frankfurt und New York: Campus, 2003.

Storey, Duane und Kulkin, Sanford, mit Mayo, Mary Ann: *Body & Soul.* A Married Couple's Guide to Discovering and Understanding Our Unique Sexual Personalities. Sisters, Oregon: Questar Publishers, 1995.

Stichwortverzeichnis

I

K

M

P

S

T

V

Z

Zu guter Letzt

„Die wertvollen Einsichten werden am spätesten gefunden …“
Friedrich Nietzsche

Es gibt Verhaltensweisen, welche Ihr Persönlichkeits-Profil *nicht* mitteilt:

Wenn Sie …

☐ sich aufregen, weil Sie um einen See herumlaufen müssen, statt gerade darübergehen zu können;

☐ den Drang verspüren, zur „Rush Hour“ den Berufsverkehr an einer viel befahrenen Kreuzung mitten im Zentrum regeln zu wollen;

☐ sich in Erinnerungen über die guten alten Zeiten ergehen, in denen es noch legal war, sich zu duellieren, um Meinungsverschiedenheiten auszutragen -

… dann ist Ihr **D** eindeutig zu hoch!

Wenn Sie …

☐ auf den Anrufbeantworter eines Freundes sprechen wollen und viermal hintereinander anrufen müssen, um Ihre gesamte Nachricht zu hinterlassen;

☐ Lust haben, ein Buch zu lesen, und noch fünf Ihrer Freunde einladen, herüberzukommen, um es mit Ihnen zu lesen;

☐ einer älteren Dame über die Straße helfen wollen, die keinerlei Absicht hatte, diese überhaupt zu überqueren -

… dann ist Ihr **I** eindeutig zu hoch!

Wenn Sie …

☐ versuchen, genau herauszufinden, wieviel Kilometer Ihr Auto mit 10 Litern Benzin fährt, und Sie dann auf offener Straße stehenbleiben, weil Ihnen der Sprit ausgegangen ist;

☐ von Ihren Kollegen ein Ticket ohne Rückflug für einen mehrwöchigen Aufenthalt bei den Kopfjägern auf Neuguinea geschenkt bekommen;

☐ 15 Minuten brauchen, um Ihrem Freund den Weg zu Ihrem Haus zu erklären, obwohl dieser nur zwei Straßen weiter weg wohnt -

… dann ist Ihr **G** eindeutig zu hoch!

Wenn Sie …

☐ 30 Minuten lang einem Vertreter zuhören, der Ihnen für Ihre geflieste Wohnung einen Teppichshampoonierer verkaufen will;

☐ am Tag der Bundestagswahl Ihre Stimme Walter Scheel geben, obwohl dieser schon lange nicht mehr auf der Liste steht;

☐ für den Betriebsausflug einen fünfseitigen detaillierten Bericht schreiben, obwohl Sie nur darum gebeten wurden festzustellen, wie viele Mitarbeiter Ihrer Abteilung daran teilnehmen -

… dann ist Ihr **S** eindeutig zu hoch!

Erkennen Sie Ihr Führungs-Verhalten

Ohne gute Führungsqualitäten bleiben selbst bei hervorragendem fachlichen Können viele Karriereziele unerreicht. Das DISG-Führungs-Profil stellt die 12 Dimensionen des positiven Führungsverhaltens vor.

Methodisch die Führungskompetenz optimieren

Erkennen Sie Ihr Kommunikations-Verhalten

Ein wesentlicher Schlüssel gelungener Kommunikation liegt in der Kunst des Zuhörens. Durch die Wahl geeigneter Zuhör-Strategien können Sie in unterschiedlichen Situationen effektiver kommunizieren.

Systematisch die Kommunikation verbessern

Erkennen Sie Ihren Verhaltensstil

Jeder Erfolg ist individuell. Um zu lernen und Menschen besser zu verstehen, ist die „Light Version" des DISG-Persönlichkeits-Profils ein probates Hilfsmittel. Zugrunde liegt das bewährte DISG-Persönlichkeits-Modell.

Authentisch die eigenen Möglichkeiten und Stärken einsetzen

Erkennen Sie Ihre Rolle in Ihrem Team

Im Spitzensport und nicht zuletzt in der Wirtschaft hört man immer wieder von besonders gut eingespielten Teams. Mit Hilfe des DISG-Team-Profils „C.A.R.E." läßt sich herausfinden, wer innerhalb eines Teams für welche Aufgabe am besten geeignet ist.

Gezielt die eigene Rolle im Team erkennen

Erkennen Sie Ihr Zeitmanagement-Verhalten

Zerrinnt Ihnen die Zeit oftmals zwischen den Fingern? Schieben Sie wichtige Dinge immer wieder auf? Beeinträchtigen Hektik und Streß Ihren Alltag? Lernen Sie, Ihre Zeit bewußter und effektiver zu gestalten und Ihre Produktivität zu steigern.

Systematisch die Effektivität steigern

DISG-Führungs-Profil
(Leadership) Arbeitsheft mit Führungs-Profil, 31 Seiten und 15 Cartoons
Best. Nr. PP 09

DISG-Kommunikations-Profil
(Listening) Arbeitsheft mit Zuhör-Profil, 21 Seiten und 11 Cartoons
Best. Nr. PP 12

DISG-Persönlichkeits-Profil
«Light Version»
Arbeitsheft mit Persönlichkeits-Profil, 21 Seiten und 22 Cartoons
Best. Nr. PP01K

DISG-Team-Profil
(C.A.R.E.) Arbeitsheft mit Team-Profil, 21 Seiten und 16 Cartoons
Best. Nr. PP 11

DISG-Zeitmanagement-Profil
(Time Mastery) Arbeitsheft mit Zeitmanagement-Test, 38 Seiten und 36 Cartoons
Best. Nr. PP 10

Einzelexemplar	**€ 18,90**
ab 5 Exemplaren	**€ 17,01**
ab 10 Exemplaren	**€ 14,87**

Erhältlich in Ihrer Buchhandlung

GABAL Business-Bücher für Erfolg und Karriere

Das innere Archiv
ca. 250 Seiten
€ 25,90 (D) / sFr 45,50
ISBN 3-89749-241-5

Das „neue" Stroh im Kopf?
180 Seiten
€ 20,90 (D) / sFr 36,80
ISBN 3-89749-085-4

Projektmanagement
160 Seiten
€ 20,90 (D) / sFr 36,80
ISBN 3-930799-01-4

Rhetorik Klassik
184 Seiten
€ 20,90 (D) / sFr 36,80
ISBN 3-89749-021-8

Das neue 1x1 der Erfolgsstrategie
120 Seiten, 4-farbig
€ 17,90 (D) / sFr 32,30
ISBN 3-89749-195-8

Verkaufen Klassik
176 Seiten
€ 20,90 (D) / sFr 36,80
ISBN 3-89749-206-7

Visualisieren, Präsentieren, Moderieren
176 Seiten, 2-farbig
€ 15,90 (D) / sFr 27,80
ISBN 3-930799-00-6

Das 1x1 der Persönlichkeit
144 Seiten, 4-farbig
€ 17,90 (D) / sFr 32,30
ISBN 3-930799-32-4

Lifetime-Management
ca. 160 Seiten, 2-farbig
€ 15,90 (D) / sFr 27,80
ISBN 3-89749-181-1

Ziele managen
192 Seiten
€ 20,90 (D) / sFr 36,80
ISBN 3-930799-36-7

Mind Mapping und Gedächtnistraining
144 Seiten, 2-farbig
€ 20,90 (D) / sFr 36,80
ISBN 3-89749-198-2

Eat that frog
ca. 144 Seiten
€ 17,90 (D) / sFr 32,30
ISBN 3-89749-200-8

Informationen über weitere Titel unseres Verlagsprogrammes erhalten Sie in Ihrer Buchhandlung, unter info@gabal-verlag.de oder im GABAL Shop

www.gabal-verlag.de

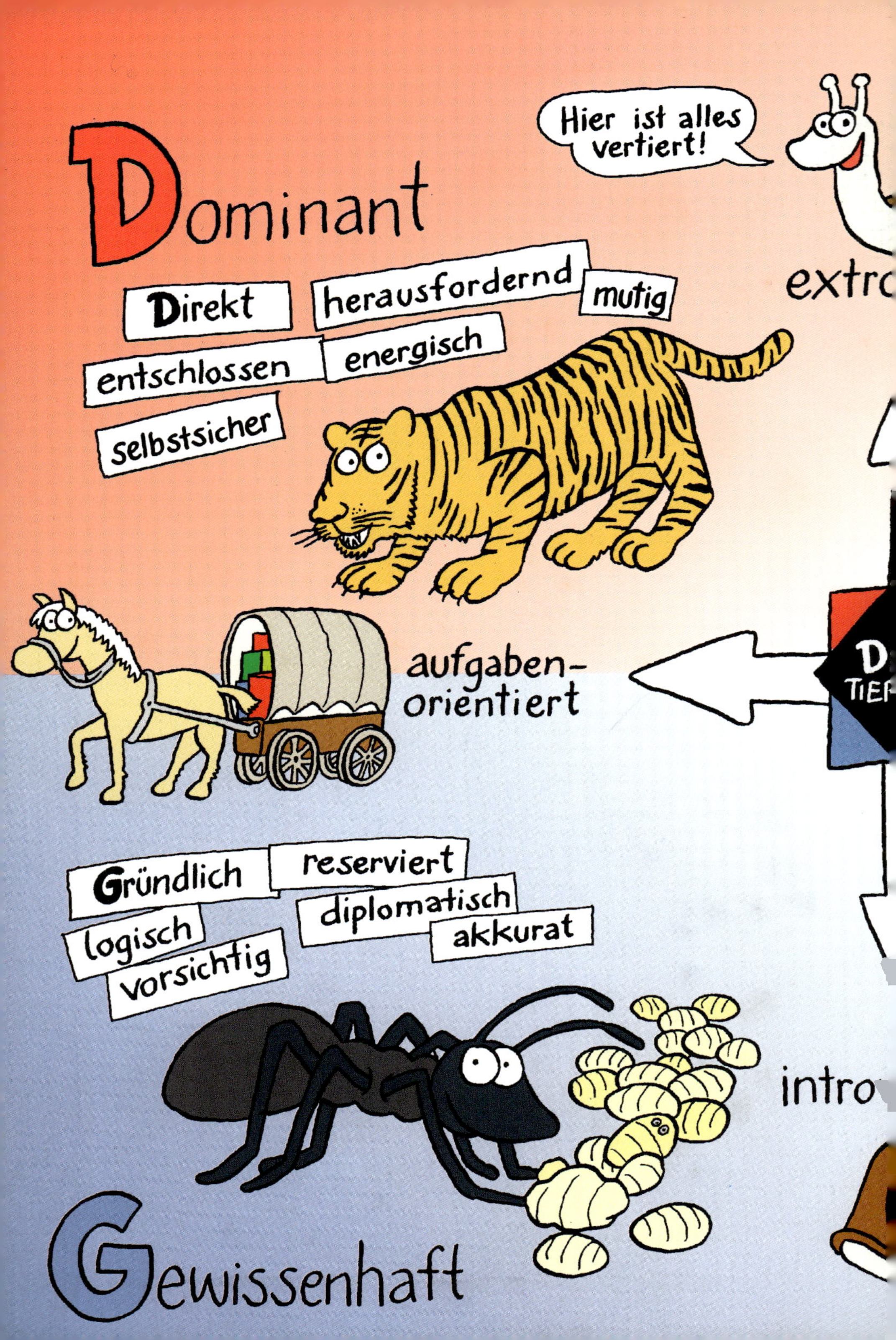

Hier ist alles vertiert!
Dominant
Direkt
herausfordernd
mutig
entschlossen
energisch
selbstsicher
aufgaben-
orientiert
Gründlich
reserviert
logisch
diplomatisch
akkurat
vorsichtig
Gewissenhaft